마음 속 고통이 삶을 덮쳐올 때

- 마음이 편하지 않다는 신호가 들려 온다면 -

조석제 · 주명희 · 임승연 · 김대성 지음

마음 속 고통이 삶을 덮쳐올 때

발 행	2025년 5월 1일
저 자	조석제 · 주명희 · 임승연 · 김대성
디자인	남은주
펴낸이	허필선

펴낸곳	행복한 북창고
출판등록	2021년 8월 3일(제2021-35호)
주 소	인천 부평구 원적로361 216동 1602호
전 화	010-3343-9667
이메일	pilsunheo@gmail.com
홈페이지	https://www.hbookhouse.com

판매가 | 18,000원
ISBN 979-11-93231-34-0 (03180)

* 잘못 만들어진 책은 구입하신 서점에서 교환해 드립니다.
* 본 책은 저작자의 지적 재산으로서 무단 전재와 복제를 금합니다.

마음 속 고통이 삶을 덮쳐올 때

마음이 편하지 않다는 신호가 들려 온다면

조석제·주명희·임승연·김대성 지음

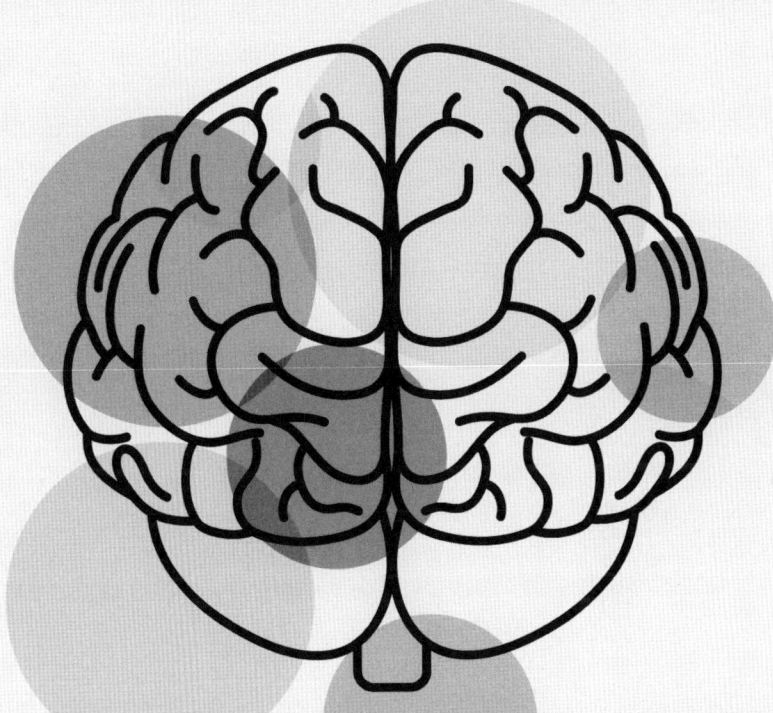

스스로 알아보는 마음 장애 27 유형과 솔루션

PTSD부터 ADHD까지 정신 장애 알아보기

목차

프롤로그 ··· 7

1장 | 마음을 읽다
1-1 나를 찾아가는 마음 여행 ·························· 12
1-2 사람이 어떻게 변하나요? ·························· 18
1-3 우뇌로 마음의 패러다임을 바꾸다 ················ 24
1-4 나의 눈을 통해 나의 마음을 보다 ················· 29
1-5 간단한 셀프 마음치유 – 관조와 개입 ············· 33
1-6 소통 – 커뮤니케이션의 네 가지 유형 ············· 39

2장 | 스트레스 관리, 가장 강력한 마음 치유제
2-1 수면이 중요한 이유 ································ 46
2-2 스트레스는 어디에서 오는가? ····················· 50
2-3 긍정적 삶을 사는 방법 ····························· 55
2-4 스트레스를 행복 에너지로 ························· 60
2-5 급성 스트레스 장애 ································ 65

3장 | 마음을 들여다 봅니다

3-1 불안장애 - 공감과 불안에 대하여 ········· 72
3-2 마음통하기 - 라포 ························· 79
3-3 핵심 감정 파헤치기 ························ 84
3-4 자기 학대 멈추기 ·························· 89
3-5 타인을 학대했습니다 ······················ 93

4장 | 어느날, 마음의 장애가 찾아왔습니다

4-1 편집성 성격장애 ·························· 100
4-2 조현성 성격장애 ·························· 104
4-3 우울증, 치료가 필요합니다 ················ 108
4-4 내가 우울증이라니! ······················· 112
4-5 불안장애 - 너무 불안해요! ················ 116
4-6 광장공포증 - 사람이 많은 곳이 두려워요 ··· 120
4-7 감정의 너울 - 양극성장애(조울증) ········· 124
4-8 공황장애 - 몸의 오류 ····················· 127
4-9 전환장애 - 히스테리의 다른 말 ············ 131

5장 | 마음의 상처-깊은 마음의 병을 만들다

5-1 깊은 상처가 주는 스트레스 PTSD ·················· 138
5-2 해리성 정체감 장애 - 내 안에 다른 사람이 있습니다 ···· 142
5-3 해리성 기억상실증 - 사라진 기억 ························ 146
5-4 조현병 - 내 귀에 도청장치 ······························· 149
5-5 품행장애 - 사회 문제가 될 수 있습니다 ················· 153
5-6 반사회적 인격장애 - 개인이 아닌 사회적 문제 ·········· 157
5-7 치매 - 추억이 사라집니다 ·································· 162
5-8 신경인지장애 - 독립적인 생활이 불가능 ················· 166

6장 | 내면의 어린 아이 보살피기

6-1 분리불안장애 - 떨어지는 게 고통스러워요 ············· 172
6-2 질병불안장애 - 건강 염려도 병입니다 ··················· 176
6-3 부모의 사랑이 필요한 애착장애 ··························· 180
6-4 자폐스펙트럼 - 눈을 맞추지 못한다면 ··················· 184
6-5 ADHD - 집중이 어렵다면 ································· 188
6-6 적대적 반항 - 중2병이 아닐수도? ························ 192
6-7 의존성 성격장애 - "너에게 복종할게." ··················· 196
6-8 연극성 성격장애 - 무대 뒤로 숨다 ······················· 200
6-9 경계선 성격장애 - 폭풍 속을 항해하는 배 ·············· 205
6-10 중독장애 - "담배를 끊을 때가 됐는데." ················ 210

프롤로그

　누구에게나 예고 없이 찾아오는 고통은, 직업, 나이, 신분을 가리지 않고 우리를 깊은 절망으로 몰아넣습니다. 저는 오랜 시간 동안 자살 위기에 놓인 이들의 마음에 귀를 기울이며, 그들의 고통스러운 내면을 마주해왔습니다. 갑작스러운 폭풍우처럼 불안과 공포, 허무함이 몰아쳐 정신을 잃고 극단적인 선택을 하는 것을 많이 목격했습니다.

　도대체 왜 이런 일이 발생하는 걸까요? 그 근원은 어디에 있을까요? 그리고 상처 입은 마음을 어떻게 치유할 수 있을까요? 오랜 고민 끝에 사람은 누구나 자신의 마음을 진정으로 이해하고 공감해줄 때 비로소 있는 그대로 자신을 받아들이고 존재의 의미를 깨닫는다는 결론에 도달했습니다. 이 책을 통해 독자 여러분과 함께 스스로 깊이 성찰하고, 진정한 자아를 찾아가는 시간을 갖고 싶었습니다. 누구나 평등하게 자신을 이해하고 치유할 수 있는, 그러한 공간을 마련하고 싶었습니다.

우리는 살면서 자신이 누구인지 끊임없이 탐색해 왔습니다. 하지만 과거의 상처, 특히 어린 시절의 상처는 내면 깊은 곳에 그림자를 드리우고, 자존감을 떨어뜨립니다. 이제는 그 그림자를 꺼내어 햇빛 아래 비춰보고, 그 상처가 현재의 자신에게 어떤 영향을 미치는지 살펴볼 차례입니다. 이를 통해 우리는 '자기 존재 확인'이라는 과정을 통해 진정한 자유를 얻을 수 있습니다. 부족한 부분이 많지만, 여러분과 함께 이 과정을 나누고 싶습니다.

우리 사회에는 심리 치료, 의학, 한의학, 명상 등 다양한 치유 방법이 존재합니다. 그렇다면 이 모든 치유 방법 중에서 가장 효과적인 방법은 무엇일까요? 그리고 진정한 치유의 힘은 어디에서 나올까요? 이 질문에 대한 답을 찾기 위해 함께 고민하고 얘기해보고자 합니다. 저 또한 여러분과 함께 배우고 성장하며, 새로운 희망을 찾고 싶습니다.

이 책은 저와 함께 상담과 심리치료 전문가 공부를 계속 함께 해온 제자 주명희 임승연 김대성 선생님이 함께 연구하고 엮어본 책입니다. 마음치료에 관심있는 분들에게 일종의 안내자 역할을 할 것으로 기대하며, 첫 출발을 이제 시작합니다. 앞으로 마음치료에 대한 더 좋은 책이 나오도록 계속 노력하겠습니다. 독자님들의 성원을 부탁드립니다.

2025년 봄이 오는 길목에서

대표저자 조 석 제

1-1 나를 찾아가는 마음 여행

1-2 사람이 어떻게 변하나요?

1-3 우뇌로 마음의 패러다임을 바꾸다

1-4 나의 눈을 통해 나의 마음을 보다

1-5 간단한 셀프 마음치유 - 관조와 개입

1-6 소통 - 커뮤니케이션의 네 가지 유형

1장

마음을 읽다

1-1

나를 찾아가는 마음 여행

나는 누구인가?

　자신감을 가지고 나답게 행복한 삶을 살기 위해서 가장 먼저 할 일은 자신을 아는 것입니다. 육하원칙을 통해 자신을 들여다보면 자신을 쉽게 알 수 있습니다. 글쓰기의 기본이 되는 5W1H(육하원칙)은 누가(who), 언제(when), 어디서(where), 무엇(what), 왜(why), 어떻게(how)의 여섯 가지 기본이 되는 조건을 말합니다.

When - 언제

　내가 현재 존재하고 생존하는 곳은 환경입니다. 눈에 보이는 환경은 우리 주변에 있는 장소를 말합니다. 집안의 모습처럼 외부에서 보이지 않는 환경도 있습니다. 마음의 환경에는 어떤 것이 있을까요?

Where - 어디서

'나는 언제 어떻게 태어났는가? 또 어떤 환경에서 태어났는가? 부잣집인가 아니면 가난한 집인가. 친절한 부모님 밑에서 양육되었는가 아니면 학대받는 가정에서 태어났는가? 그리고 어떻게 성장했는가?' 이게 언제, 어디에 속합니다. 내가 뭘 하고 있었지? 아니, 내가 지금 뭘 하고 있는지를 확인하는 것입니다. 내가 부정적인 일을 계속하고 있는가? 부정적인 마음을 계속 갖고 있는가? 아니면, 긍정적인 일을 하고 있는가? 확인하는 것입니다.

What - 무엇

'무엇'은 일과 관련이 있습니다. 자신이 하는 일이 무엇인가? 앞으로 무엇을 이루고 싶은가에 대해 알 수 있게 해줍니다. 그리고 '내가 무엇을 하고 있을까?'와 '지금 내가 무엇을 하고 있는가?'라는 질문은 나의 목표와도 관계가 있습니다. '앞으로 뭘 하고 살지?' '어떻게 살지?' 이런 질문을 마음속에서 발견했을 때 목표가 생기게 됩니다. 이러한 과정을 통해 목표를 가지고, 진취적인 태도와 행동력을 높이게 됩니다. 목표는 나의 신념이 될 수 있습니다.

Why - 왜 그랬어?

하나의 단어가 우리 마음에 미치는 영향은 아주 큽니다. 우리의 생각을 전달하는 중요한 도구인 말이 때로는 의도와 다르게 상대방에게 영향을 미치기도 합니다. 특히, '왜'라는 단어는 우리가 자주 사용하는 말 중 하나지만, 대인관계에서는 그 사용에 있어 신중함이 필요합니다. 지금까지 별생각 없이 많이 사용해왔지만, 대인관계에서 조심해야 하는 단어가 '왜'입니다. 대화할 때 "너 왜 그랬어?" "너 왜 이 모양이야!" "왜요?"와 같은 말을 사용하곤 합니다. 왜(why)라는 말을 들으면 상대방의 마음속에선 부정적인 생각이나 저항감이 생깁니다. 그래서 왜(why)라는 말은 될 수 있는 대로 쓰지 않는 것이 좋습니다. 내 의지나 의도와 관계없이 상대방이 부정적으로 반응할 가능성이 크기 때문입니다.

How - 어떻게 하는 게 좋을까?

그럼 어떻게 말해야 할까요? 왜(why) 대신에 어떻게(how)를 써야 합니다. 예를 들면, 아이가 학교에서 성적표를 가지고 왔는데 100점 만점에 40점을 맞았을 때 부모가 "야! 너 성적이 왜 이렇게 저조해? 성적이 왜 이 모양이야?"라고 말할 때와 "너 고생했다. 그런데 성적이 좀 낮은데 좀 더 끌어 올리려면 어떻게 하면 좋을지 우리 한번 생각 좀 해 볼까?"라고 말할 때 아이의 반응은 완전히 다릅니다.

왜(why)라고 했을 때 아이는 좌절감을 느끼지만, 어떻게(how)를 떠올리는 순간 새로운 가능성을 발견합니다. '나 좀 멋지게 살고 싶은데 왜 이 모양일까?'라는 말과, '멋지게 살려면 어떻게 하는

게 좋을까?'라는 문장은 왜(why)를 어떻게(how)로 바꿨을 뿐인데 자신의 존재에 대한 영향력이 완전히 다릅니다.

어떻게(how)는 방법에 대한 질문입니다. 지금까지 문제를 해결한 방법과 나의 습관에 대해 알게 해줍니다. 그리고 원하는 게 있다면 어떻게 할까? 라고 질문할 수 있습니다. 더 행복하려면 어떻게 하면 되지? 라고 질문하며 자신이 중요하게 생각하는 가치를 이룰 수 있는 방법을 찾아볼 수도 있습니다.

Who - 누구

난 뭘 하고 살아야 가치 있는 삶일까? 어떻게 살아야 가치 있는 삶일까? 누구(who), 나는 누구일까? 나는 어떠한 존재일까? 가치 있는 존재일까? 나 스스로 나를 좋아할까 아니면 싫어할까? 이런 질문은 나를 찾아보는 문장입니다. 우리는 살면서 매일 자신의 겉모습을 거울에 얼굴을 비추어 봅니다. 하지만 내 마음이 어떤지 마음속의 거울에 자신을 비추어보는 사람은 그리 많지 않습니다.

나를 바라보는 연습

필자는 상담할 때 이렇게 물어봅니다. "눈을 감고 '나'라는 존재가 내 앞에 와 있다고 생각하고, 자기 자신을 바라보십시오. 어떤 모습입니까?" 상당수의 내담자는 캄캄해서 자신이 누구인지 보이지 않는다고 합니다. 이는 자신이 초라하게 보일 것 같아서 자신을 바라보는 게 두렵기 때문입니다. 그런 때에 필자는 이렇게 말합니다. "초라하게 보입니까? 초라하게 보이는 것도 나 자신이고, 내 모습입니다. 초라한 나를 껴안고 그동안 고생 많았다. 수고 많이 했다고 위로해 보세요." 그리고 멋지게 보인다면 무조건 껴안으라고 합니다.

이렇게 스스로 위로해 본 적이 있을까요? 별로 없을 겁니다. 우리의 삶은 대부분의 시간에 다른 사람을 향하고 있었습니다. 자신을 향했던 적은 거의 없었습니다. 퇴근 후에 집에 와서, 거울을 보며 '내가 지금 뭐 하는 거지?'라는 질문과 함께 우울해질 때가 있습니다. 그러나 밝은 모습으로 나를 마주하면 내가 소중해집니다. 잠시 책을 덮고 눈을 감아 보세요. 내 앞에 있는 나는 어떤 모습인지 자세히 살펴보십시오. 초라하더라도 내 모습이 보이는 분은 건강한 것입니다. 반면 캄캄해서 안 보이는 분은 마음에 맺힌 것이 많기 때문입니다.

어린 시절에 수치심이나 학대를 경험했다면, 자신의 마음을 이해하는 것이 쉽지 않을 수 있습니다. 그러나 약간만 신경을 쓰면, 마음 깊은 곳에 웅크리고 있는 나 자신을 발견할 수 있습니다. 그 순간, 잠시 쉬어가도록 자신을 꼭 껴안아 보십시오. 때로는 자신을 무능하고 초라하게 느낄 수 있지만, 그런 순간에 오늘까지 나를 지탱해 온 나 자신에게 "고맙다"라고 말해주십시오. 내가 나 자신을 칭찬하고 인정하는 자세를 취하는 것입니다.

자신을 훈련하는 연습은 생각보다 큰 의미를 지닙니다. 우리는 초등학생부터 대학에 이르기까지 다양한 지식과 세계를 살아가는 법을 배웠지만, 스스로를 위로하거나 행복해지는 방법은 배운 적이 없습니다. 이제 이 책을 통해서 '행복 교과서'라고 하는 교과서를 새롭게 발견하시기를 바랍니다.

1-2

사람이 어떻게 변하나요?

NLP 심리학이란

마음 치료의 가장 기본은 사람 마음의 특징을 아는 것입니다. 심리학자의 주장이 다양해서 한마디로 말할 수는 없지만, 통합 심리학으로서 NLP 심리학에서 말하는 마음의 특징을 중심으로 마음 치료를 바라보겠습니다.

NLP 심리학에 대해서 간단히 설명하면 1975년에 미국의 캘리포니아 주립대학 산타크루즈 캠퍼스에서 '리처드 밴들러'와 '존 그린더'에 의해 창시되었습니다. NLP심리학은 사티어의 가족치료, 프로이드 정신 분석학, 펄스의 게슈탈트, 밀턴 에릭슨의 내면 심리학 등을 종합한 것으로 단기간에 효과적인 치료의 성과를 이루었습니다. 특히 공황장애의 치료에 효과가 크다고 미국에서 일찍이 많이 알려진 심리학입니다.

심리학에 관한 역사가 많이 있지만, 특별히 미국이 오늘날 심리학의 중심이라는 것은 누구나 인정합니다. 통상적으로 '윌리엄 제임스'를 미국 심리학의 아버지라고 합니다. 그는 '사람은 자기가 생각한 대로의 삶을 살게 된다.'라고 했습니다. 내 생각과 감정의 주인공은 "나"이기 때문입니다. 긍정적이든 부정적이든 내 마음과 내면에서 스스로 생각을 조절하고 감정도 선택할 수 있습니다. 부정적인 감정을 선택하여 평생 우울하게 사는 사람이 있는 반면에, 어려운 상황에서도 긍정적인 생각으로 행복한 삶을 사는 사람이 있습니다. 그래서 '사람은 자기가 생각한 대로 삶을 살게 된다.'라고 말한 것입니다.

즉, 생각을 바꾸면 언어가 바뀌고, 언어가 긍정적으로 바뀌면 긍정적으로 행동하고, 행동이 긍정적으로 바뀌면 습관이 바뀌고, 습관이 긍정적이면 그 사람의 인격이 긍정적으로 바뀌고, 그 사람의 인격이 긍정적으로 바뀌면 그 사람의 운명이 바뀝니다. 생각이 얼마나 중요한지 알 수 있습니다. 이것이 마음공부의 첫 번째 화두입니다.

마음 속 지도 바꾸기

자신을 돌아보았을 때, 내 모습을 어떻게 가꾸어야 할까요? 인생은 내가 생각하고 선택한 대로에 살게 됩니다. 내 삶의 주인공도 나요, 생각과 감정의 주인공도 나 자신입니다. 내 자아의 주인공도 '나' 입니다. 일반적으로, NLP 심리학에서 말하는 사람 마음의 특징 중 하나가 '지도는 영토가 아니다'라고 보는 것입니다. 내가 바라보는 세상이 진리가 아닙니다. 보통 우리가 지도를 그려 놓고 이게 누구의 영토라고 해도 그것은 하나의 그림에 불과할 뿐입니다.

지도라는 것은 땅 그 자체가 아니라 땅을 표시한 그림입니다. 우리 생각도 마찬가지입니다. 우리의 생각과 관념은 실제 생각하는 것과 다릅니다. 그때 우리가 생각하는 것과 '실제'를 혼동할 수가 있습니다. 그래서 내 생각으로 세상을 판단해 버리면 편견과 선입관이라는 오류가 생기는 것입니다. 내가 이 세상의 중심이 되어 많은 편견과 선입관을 가지고 사람과 세상을 제대로 보지 못하는 것을 경계해야 합니다. 그래서 객관적인 관점이 필요합니다.

사람은 참 다양합니다. 우리가 인생을 살아갈 때 가장 중요한 것 중 하나가 매 순간 살아가는 삶이 '시간'으로 되어 있다는 점입니다. 옛날 그리스 사람들은 현대 사회의 우리와 시간의 개념이 달랐습니다. 아무것도 하지 않고 흘러가는 시간을 '크로노스', 지금 여기에 내가 어떤 상태인가를 매 순간 인식하며 의미를 부여하고, 목표를 설정하는 시간을 '카이로스'라고 했습니다. 그래서 의미를 부여하여 생산적이며 창조적으로 살다 보면 완전한 성취감을 가지는 시간이 있는데, 이 시간을 '플레루(pleroo)'라고 했습니다. 이어서 '완성의 시간'입니다.

누구에게나 똑같이 24시간이 주어지지만, 흘러가는 시간에 자신을 맡긴 크로노스의 사람이 있고 그 반대의 사람이 있습니다. 카이로스의 사람은 목표를 설정하고 의미를 설정하다 보니 행복하고 성취감이 생깁니다. 이 성취감은 사람을 황홀감과 극치감으로 이끌어가는 가장 중요한 감정입니다. 카이로스의 시간이 쌓여서 만든 삶이 하나의 완성된 모습입니다. 그것이 플레루(pleroo)인 것입니다. 어떻게 보면 이상적인지 모르지만 그렇습니다.

불편함에 익숙해지기

사람의 특징 가운데 하나는 변화를 싫어한다는 점입니다. NLP 심리학에서는 변화를 매우 중요하게 가르치고 있습니다. 마음치유는 마음의 변화를 추구하는 활동입니다. 변화를 추구하는 변화는 단순히 뭘 바꾸다 변화시키다 change 라고 하는 단어가 아닙니다. 사람은 해오던 대로 하다 보면 익숙해집니다. 익숙하면 편합니다. 편하면 변화가 없습니다. 변화는 익숙한 것으로부터 아주 결별하는 것이고 딱 자르는 것입니다. 여기에서 새로운 모습이 나타나고 내 인생이 달라지는 것입니다. 마음의 병이 있는 사람은 변화를 싫어하고 익숙한 걸 좋아합니다. 한의학에서는 감정이 마음이나 가슴에 있다고 합니다. 우리 민족 역시 주로 마음이 가슴에 있다고 말합니다. 마음이 아프다거나 가슴이 아프다고 합니다. 뇌가 아프다고 말하지 않습니다.

그러나 과학적으로는 뇌의 구조로 보면 좌뇌, 우뇌라는 기능적인 면이 있습니다. 그래서 상식적인 선에서 좌뇌와 우뇌의 특징과 기능을 간단히 살펴보겠습니다. 먼저 좌뇌의 기능은 언어 중추 능력을 발달시키고 사물을 논리적이고 정확하게 판단합니다. 이걸 이성 중추라고 합니다. 그래서 좌뇌는 언어 중추와 이성 중추로 되어 있습니다. 우뇌는 오감을 담당합니다. 시각, 청각, 촉각, 후각, 미각을 오감이라고 합니다. 오감을 통해서 감정을 느끼는데 이것을 감정 중추라고 합니다. 사람이 감정을 느끼면 무의식을 자극해서 행동으로 이어집니다. 그래서 우리행동은 감정 중추와 행동 중추로 이루어져 있습니다.

물론 좌뇌와 우뇌가 각기 다른 기능을 담당하지만, 우리 뇌는 하나의 통합된 시스템으로 작동합니다. 좌뇌와 우뇌는 서로 긴밀하게 연결되어 정보를 주고받으며, 협력하여 다양한 기능을 수행합니다. 마치 오케스트라의 여러 악기가 각자의 음색을 내면서 아름다운 하모니를 만들어내는 것과 같습니다. 그러나 좌뇌는 위에서 말씀드린 것처럼 판단과 논리적 기능을 통해 지적능력은 향상시킬 수 있지만, 무의식적으로 일어나는 행동변화는 오직 오감과 무의식으로 기능하는 우뇌만이 할 수 있습니다. 그래서 우리는 우리 삶의 변화를 위해서 작게는 우리의 마음을 긍정적으로 변화시키기 위해서 우뇌를 많이 사용하는 것 즉 오감을 통해서 긍정적으로 보고 듣고 느끼고 맛보고 냄새 맡는 등의 기능을 회복시켜 무의식의 변화를 가져오는 활동에 집중할 필요가 있습니다. 심리치료는 바로 우뇌에서 이루어 지므로, 흔히들 NLP심리학을 '우뇌심리학'이라고도 하는 이유가 여기에 있습니다.

1-3

우뇌로 마음의 패러다임을 바꾸다

감정적 우뇌, 논리적 좌뇌

사람은 변해야 합니다. 사람이 많이 변했다는 말은 욕이 아닙니다. 누구나 열심히 공부하면 지능지수(IQ)를 높일 수 있다고 믿습니다. 이는 주로 좌뇌의 발달을 의미합니다. 좌뇌가 발달한 사람들은 대개 언어를 유창하게 구사하고 논리적인 사고로 높은 평가를 받습니다. 이러한 이유로 "똑똑하다"거나 "천재적이다"라고 표현합니다. 그러나 아무리 논리적이고 지적 능력이 뛰어나더라도 좌뇌만으로는 진정한 변화를 이끌어내기는 어렵습니다. 변화는 단순히 사고의 결과물이 아니라 행동을 통해 실현됩니다. 행동은 인간이 세상을 어떻게 받아들이고 반응하느냐에 따라 결정됩니다. 여기서 중요한 역할을 하는 것이 바로 우뇌입니다.

우리는 좌뇌를 통해 세상을 논리적으로 이해하려 하지만, 우뇌는 보고, 듣고, 만지고, 냄새 맡고, 맛보는 등 실제 경험을 통해 세상을 받아들입니다. 우뇌는 거짓말을 할 수 없습니다. 감각을 기반으로 하기에, 실제로 느끼고 경험한 것만을 진실로 인정합니다. 반면, 좌뇌는 추상적인 개념과 논리를 기반으로 사고하기 때문에 실체가 없는 것에 대해서도 가상의 논리를 만들어낼 수 있습니다. 좌뇌는 철학과 같은 학문적 사고를 발전시키는 데 유용하지만, 때로는 진실과 동떨어진 개념을 만들어내기도 합니다. 이로 인해 좌뇌는 속일 수 있는 여지를 남깁니다.

진정한 변화는 행동으로부터 시작됩니다. 우리가 세상을 경험하고, 그 경험을 기반으로 새로운 행동을 취할 때 변화가 이루어집니다. 이 과정에서 우뇌는 핵심적인 역할을 합니다. 우뇌는 우리의 감각과 감정을 통해 세상을 있는 그대로 받아들이고, 이를 바탕으로 행동을 이끌어냅니다. 반면 좌뇌는 이러한 행동이 구체적인 목표와 연결될 수 있도록 논리적 기반을 제공합니다.

우리는 지금까지 좌뇌의 발달, 즉 높은 IQ가 성공의 척도라고 여겨왔습니다. 하지만 인성과 인격의 발달은 우뇌와 깊은 관련이 있습니다. 우뇌는 감각적 경험을 통해 진실을 이해하고, 그 진실을 기반으로 인간 관계와 행동을 형성합니다. 좌뇌와 우뇌가 균형 있게 발달할 때, 우리는 단순히 지적 능력뿐만 아니라 감정적 성숙과 인격의 성장을 이룰 수 있습니다.

미래는 우뇌형 인간을 원한다

지금까지의 학교 교육은 지나치게 좌뇌 중심이어서 우뇌가 담당하는 감성적인 면이 부족하고 감정 표현도 서툽니다. 그래서 공부는 잘하지만, 대인관계가 원활하지 못한 경우가 많습니다. 좌뇌와 우뇌가 균형을 이루어야 마음이 건강하게 살 수 있습니다. 행복한 사람은 좌뇌와 우뇌가 비교적 균형 잡힌 모습을 보입니다.

아이들의 인성 교육을 위해서는 우뇌가 발달되어야 합니다. 한국말도 서툰 아이가 영어 유치원에 다니는 것은 좌뇌를 발달시켜 지적인 능력을 키우는 것입니다. 하지만 앞으로는 상대방의 감정을 받아들이고 수용할 수 있는 우뇌형 인간이 중요합니다.

지금까지 좌뇌 활동에 익숙했다면 우뇌를 함께 발달시켜서 균형을 이룬다면 삶이 달라질 것입니다. 마음의 병을 고친다는 것은 예전에 가졌던 마음의 인지적 구조와 결별하고 새로운 인지적 구조 즉, 우뇌의 인지적 구조를 만드는 것입니다.

또 상대방과 소통할 때 언어로 소통하는 건 7%밖에 되지 않습니다. 비언어적으로 소통하는 것이 93%나 됩니다. 언어 구조의 7%는 좌뇌에 해당하고 93%의 비언어적인 것 즉, 무의식이 93%의 행동을 좌우하기 때문에 행동 변화는 우뇌의 영향이 큽니다. 그러니 행동으로 설득해야 합니다.

뇌는 원하는대로 변한다

요즘 시대에는 존경하는 스승이 없습니다. 왜 그럴까요? 행동으로 모델이 되는 분이 드물기 때문입니다. 교육은 말로 하는 것이 아닙니다. 좌뇌의 말로 설득하는 것이 아니라 우뇌의 행동으로 보여주는 것이 교육입니다. 이것을 심리학에서는 모델링이라고 합니다.

일상생활에서 우리가 원하는 것을 모델링하면, 원하는 모습으로 바꿀 수 있습니다. 예를 들어 행복한 가정을 이루고 싶다면 주변에 모델이 되는 행복한 가정을 선택해서 그 가정에서 식구들이 어떤 식으로 대화하는지, 부부간의 대화는 어떤지 그대로 따라 하면 됩니다. 우등생이 되는 것도 마찬가지입니다. 성적이 우수한 학생을 모델로 해서 그 학생이 몇 시에 일어나서 몇 시간 공부하는지 예습과 복습을 어떻게 하는지 그대로 따라 하면 됩니다. 따라 하기, 본뜨기 (모델링), 이게 바로 우뇌적인 활동에서 이루어집니다. 마음과 행동의 변화, 마음의 병의 치유는 우뇌를 변화시켰기에 가능했습니다.

뇌는 우리가 명령하는 대로 움직이며, 거짓과 진실을 구분하지 않습니다. 진실이라고 머리에 입력시키면 진실로 알고 그렇게 행동합니다. 같은 것을 거짓이라고 하면 또 거짓으로 알고 그에 맞게 행동합니다. 그래서 우뇌를 잘 활용하면 삶을 변화시킬 수 있습니다. 악마와 천사가 따로 있는 것이 아닙니다. 가까이 있는 사람을 사랑하면 천국이 되지만 미워하면 지옥이 된다고 김구 선생이 말했습니다. 이건 뇌의 구조를 정확히 말한 것입니다. 또 사람의 마음은 늘 변합니다. 변함없는 우정, 변함없는 사랑을 교육받았는데 사람의 마음은 변하는 것이 맞습니다. 변화가 없으면 적응할 수가 없기 때문입니다. 우리의 의식은 변하지 않는 것에 높은 점수를 주지만 사람은 변해야 합니다. 마음뿐 아니라 4차 산업혁명 시대라고도 하는 현대 사회도 많은 변화를 요구하고 있습니다. 예전의 방법을 고수하는 사람이 있는 반면에 적극적으로 변화를 시도하는 사람이 있습니다. 시대의 흐름에 따라 변하는 사람은 변해야 합니다.

우리 마음도 결혼 초기와 지금이 다르고 학생 때의 마음과 지금이 다릅니다. 이걸 그대로 변함없이 그대로 끌고 갔을 때 자아의 충돌이 생기고 가치관의 충돌이 생겨 마음의 병이 생깁니다.

1-4

나의 눈을 통해 나의 마음을 보다

눈으로 마음을 보다

인체에서 눈은 아주 중요합니다. 많은 시인이 눈은 '마음의 창'이라고 하고, 눈은 겉으로 드러난 뇌라고도 얘기합니다. 아주 틀린 말은 아닙니다. 의학적 측면이나 심리적으로 볼 때 눈은 몸과 마음 상태를 그대로 드러내는 스크린과 같은 역할을 합니다. 그만큼 우리의 이성과 감정의 상태를 그대로 드러내기 때문에 중요한 기관입니다. 그래서 눈을 통해서 상대방 마음의 변화를 알아차리고 인간관계에서 서로 좋은 영향을 미치면서 치유하는 방법을 알아보겠습니다.

우리 눈은 상하좌우로 자유롭게 움직이며, 이러한 눈동자의 움직임은 마음의 상태를 반영합니다. 하지만 주의해야 할 점은, 사람마다 오른손잡이와 왼손잡이가 있어 눈의 움직임을 해석하는 데 절대적인 기준은 없다는 것입니다. 일반적으로 오른손잡이를 기준으로 볼 때, 상대방의 눈이 왼쪽으로 움직인다면 이는 미래를 향해 새로운 것을 구상하거나 상상하는 정보를 탐색하는 경우일 수 있습니다. 반대로 눈이 오른쪽으로 움직이면 과거의 기억을 회상하거나 떠올리려는 상황으로 이해할 수 있습니다. 다만, 이러한 방향성은 사람에 따라 반대로 나타날 수도 있습니다.

다음으로, 눈이 위쪽을 향하고 있을 때는 외부 정보나 타인과의 관계에서 시각적인 접근을 나타낸다고 볼 수 있습니다. 눈동자는 우리가 의식적으로 조절할 수 없는 움직임을 보이며, 이를 통해 다양한 정보를 실험적으로 확인할 수 있습니다. 예를 들어, 어제 저녁에 어디에서 누구와 무엇을 먹었는지 떠올려보세요. 이때 눈은 자동으로 위쪽이나 오른쪽, 또는 왼쪽으로 움직일 것입니다.

눈동자의 움직임은 대개 그 사람의 시각, 청각, 촉각과 관련된 정보를 반영합니다. 따라서, 눈이 위로 올라가는 경우 시각적인 정보를 받아들이거나 시각적으로 무언가를 떠올리거나 회상하고 있는 상태일 가능성이 높습니다. 또한, 이를 통해 시각적으로 미래를 상상하는 모습일 수도 있다는 점에서 상대방의 마음 상태를 추측할 수 있습니다.

눈의 위치가 수평으로 움직일 경우, 이는 청각적인 정보에 접근하고 있음을 나타냅니다. 대화 중 눈이 위쪽으로 향한다면 상대방의 옷차림이나 외모에 관심이 있는 상태로 볼 수 있지만, 눈이 수평으로 움직인다면 상대방의 목소리와 같은 청각적인 정보에 집중하고 있다고 이해할 수 있습니다. 또한, 눈이 좌우로 수평 이동할 때는 과거에 들었던 소리를 회상하거나 미래에 들려올 소리를 예측하거나 상상하고 있는 상태일 가능성이 높습니다.

반면, 눈동자가 아래쪽을 향하면 몸의 감각적인 정보에 접근하고 있음을 나타냅니다. 이는 자신이 느끼는 따뜻함, 차가움, 포근함 등의 촉각적 감정과 연결됩니다. 또한, 눈이 아래로 향하는 움직임은 내면과의 대화를 의미할 수도 있습니다. 예를 들어, 눈동자가 아래로 내려가 좌측으로 움직인다면 이는 독백이나 혼잣말처럼 내면의 소리를 듣고 있을 가능성이 있습니다. 반대로, 눈이 오른쪽 아래를 향하면 촉각적인 감각에 집중하고 있을 수 있습니다.

이처럼 눈동자의 위치는 시각적, 청각적, 촉각적인 정보를 반영하며, 이를 통해 상대방이 무엇에 집중하고 있는지를 알아차릴 수 있습니다. 이러한 이해는 상대방의 마음 상태와 변화를 종합적으로 파악하는 데 도움을 줍니다. 상대방의 마음을 알아차리고 배려한다는 것은 곧 그들의 변화를 섬세하게 관찰하고 공감하는 것을 의미합니다. 상대방을 깊이 이해할수록 그들의 마음을 더 잘 배려할 수 있습니다.

눈에는 감정이 보인다

삶을 이끄는 것처럼 보이지만, 심리학자들은 우리의 행동이 결국 감정에 의해 결정된다고 말합니다. 시각, 청각, 촉각적으로 상대방이 무엇을 느끼는지 이해하는 만큼, 그들이 겪는 분노나 어려운 감정을 처리하도록 도울 수 있습니다. 삶에서 수많은 선택을 하게 되는데, 이러한 선택의 바탕에는 늘 감정이 자리 잡고 있습니다. 삶을 이끄는 감정을 핵심 감정이라고 합니다.

특히, 핵심 감정을 이해하는 데 있어 눈동자의 위치는 중요한 단서가 됩니다. 핵심 감정을 이해할 때도 눈을 통해서 알 수 있습니다. 눈동자의 위치는 상대방이 느끼는 감정과 어떤 감각에 접근하는지 알아차리는 중요한 기준이 됩니다.

자신의 핵심 감정이 무엇인지, 그리고 그것이 어떤 동기로 형성되었는지를 탐구하면 자신의 삶을 지배하는 감정의 본질을 깨달을 수 있습니다. 자기 자신을 잘 이해하고 감정을 통제하며 관리하는 능력을 기르면, 궁극적으로 자신의 핵심 감정도 명확히 알 수 있습니다. 이러한 과정은 더 나은 자기 이해와 균형 잡힌 삶을 이루는 데 큰 도움을 줄 것입니다.

1-5

간단한 셀프 마음치유 – 관조와 개입

두 가지 마음치유 방법

사람은 의식적으로 행동한다고 생각하기 쉽지만, 실제로 우리의 행동 대부분은 우뇌에 의한 무의식적 작용으로 이루어집니다. 무심코 나오는 행동을 이끄는 무의식의 힘은 우리가 상상하는 것보다 훨씬 더 큰 영향력을 지닙니다. 심리학적으로 무의식은 우리 마음의 90% 이상을 차지하며, 그 힘은 의식을 20만 배나 능가한다고 알려져 있습니다. 무의식은 직접적으로 느낄 수도, 눈으로 볼 수도 없지만, 우리의 행동을 통해 드러납니다. 스스로 인지하지 못하고 습관적으로 반복하는 행동들은 의식적으로 노력해서 이루어지는 행동보다 훨씬 강력합니다. 무의식의 영향이 이처럼 크다는 사실을 떠올리면, 자신의 행동을 다시 한번 돌아보고 습관이나 태도를 점검할 필요가 있습니다. 우리가 무심코 행하는 작은 행동들이야말로 우리의 삶과 방향을 결정짓는 중요한 요소가 될 수 있기 때문입니다.

마음의 상처를 받거나 어려운 경험을 하게 되면, 스트레스는 초기 경고 단계를 거쳐 저항기의 말기에 이르며, 결국 몸과 마음에 심각한 영향을 미칠 수 있습니다. 일반적으로 신체 질병은 통증이 나타나야 치료가 시작되는 경우가 많지만, 마음의 병은 대인관계가 불편해지고 사회생활이 어려워질 때 치유를 시작해야 한다고 생각합니다. 마음 치료에는 다양한 방법이 존재하지만, 이 글에서는 효과적인 두 가지 방법을 소개하고자 합니다.

관조

인생을 살아가다 보면 누구나 고통스럽고 피하고 싶은 경험을 마주하게 됩니다. 그것은 갑작스러운 사고일 수도 있고, 관계에서 생긴 갈등일 수도 있습니다. 문제는 이러한 경험이 단순히 과거의 일로 끝나지 않는다는 점입니다. 시간이 흘러도 그 기억은 여전히 우리 안에 선명히 남아, 현재의 삶을 방해하는 장애물이 되곤 합니다. 새로운 도전을 주저하게 만들고, 대인관계에서 불필요한 벽을 세우게 하며, 심지어는 일상적인 직무 수행에서도 영향을 미쳐 우리를 괴롭힙니다.

이러한 상황에서 우리는 마음의 평화를 되찾기 위해 다양한 방법을 모색하게 됩니다. 그중 하나가 바로 '관조'입니다. 관조란, 사건을 겪는 당사자의 시점에서 벗어나 마치 제삼자가 된 것처럼 상황을 객관적으로 바라보는 것을 의미합니다. 이를 통해 우리는 감정의 소용돌이에서 한 발 물러나 보다 냉철하고 명료한 시각으로 사건을 이해할 수 있습니다. 관조는 고통을 줄이고 마음의 안정을 되찾는 데 도움을 주는 강력한 도구로, 현재의 삶을 더 나은 방향으로 이끌 수 있는 힘을 제공합니다.

관조를 실천하는 데 유용한 상상 기법 중 하나로 카메라 렌즈 활용법이 있습니다. 먼저 눈을 감고, 자신이 카메라를 들고 있다고 상상해 보세요. 그리고 나를 힘들게 했던 사람이나 사건을 떠올립니다. 이제 카메라 렌즈를 서서히 뒤로 당기기 시작합니다. 처음에는 그 장면이 생생하게 느껴질 수 있습니다. 하지만 렌즈가 점점 멀어지면서 그 장면은 점차 흐릿해지고 작아집니다.

10미터, 20미터, 50미터, 그리고 100미터. 거리가 점점 멀어질수록 그 기억은 더 이상 나를 강하게 얽매지 못하고, 마침내 한 점으로 작아져 사라지게 됩니다. 이 과정은 단순한 상상처럼 보일 수 있지만, 실제로 우리의 뇌는 이러한 상상에 효과적으로 반응합니다.

뇌는 상상과 현실을 명확히 구분하지 못하기 때문에, 고통스러운 기억이 실제로 멀리 사라지는 것처럼 느껴집니다. 이를 통해 우리는 감정적으로 부담을 주던 기억과 잠시나마 분리될 수 있고, 그로 인해 마음의 안정을 되찾을 수 있습니다. 이러한 상상 기법은 고통스러운 감정을 다루고 마음을 치유하는 데 있어 강력한 도구로 활용될 수 있습니다.

관조는 심리학, 특히 NLP(Neuro-Linguistic Programming)에서 중요한 기법으로 활용됩니다. NLP에서는 사람의 경험과 감정을 재구성하여 새로운 인식과 반응을 끌어내는 것을 목표로 합니다. 관조는 이러한 과정의 일환으로, 특정 사건을 제삼자의 시각에서 바라보는 연습을 통해 주관적인 고통에서 벗어날 수 있도록 돕습니다

고통스러운 기억에서 벗어나는 것만큼이나 중요한 것은 우리의 마음을 따뜻하게 해주는 좋은 기억을 되살리는 것입니다. 고통이 아닌 기쁨과 행복의 기억은 마음의 치유와 재충전에 큰 역할을 합니다. 눈을 감고, 당신이 경험했던 가장 행복한 순간을 떠올려보세요. 첫사랑과 함께한 설레는 시간, 첫 해외여행에서 마주한 눈부신 풍경, 혹은 어린 시절 친구들과 뛰놀던 즐거운 기억. 이러한 장면들을 현재로 소환하는 것입니다. 마치 시간 여행을 하듯 그 순간 속으로 들어가보세요. 당시의 느낌, 냄새, 소리까지 생생히 떠올려보려 노력해 보세요. 뇌는 이 과정을 통해 당신에게 실제로 행복했던 기억을 현재의 감정으로 재현합니다. 이는 단순히 과거를 회상

하는 것을 넘어, 그때 느꼈던 긍정적인 감정이 현재의 삶에 활력을 불어넣는 효과를 줍니다.

이렇게 고통스러운 기억은 멀리 보내고, 아름다운 기억은 가까이 불러오는 이 두 가지 과정은 서로 상호보완적입니다. 이 방법은 증상이 심하지 않을 때, 특히 대인관계의 갈등이 시작되는 초기 단계에서 아주 효과적입니다. 그러나 이 기법은 자가 치유의 도구일 뿐, 깊은 트라우마나 심리적 고통이 지속될 경우 전문가의 도움을 받는 것이 필요합니다.

개입

눈을 감고 과거의 행복했던 순간을 떠올리고 그 순간으로 다시 돌아갑니다. 당신은 누구와 함께 있었나요? 어떤 소리가 들렸고 그 느낌은 어땠나요? 온전히 그 순간으로 돌아가서 당시에 느꼈던 평화와 따뜻함을 생생하게 되살려볼 수 있습니다. 이때 우리 몸과 마음은 과거의 기억을 마치 현실로 받아들입니다. 과거에 존재했던 감정이 현실에서 우리를 위로하고 치유하는 도구가 됩니다.

'개입'은 과거의 기억뿐만 아니라 미래의 상상에도 적용할 수 있습니다. 우리가 이루고 싶은 목표나 꿈을 상상하면서, 마치 이미 그것이 현실이 된 것 같은 느낌이 드는 것 같습니다. 예를 들어, 당신이 꿈꾸는 일을 성취했을 때의 감동을 상상해 봅니다. 그 순간 성취감, 친구들의 반응, 그리고 당신의 기분을 최대한 생생하게 상상하는 것입니다. 우리 몸은 마치 실제로는 일어난 것처럼 기뻐하고 만족감을 느낄 수 있습니다.

심리치료의 제일 좋은 방법은 남이 잘하는 것을 흉내 내거나 반복해서 연습하는 일입니다. 그렇게 했을 때 우리 몸과 마음이 가벼워집니다. 일반적으로 마음의 상태가 변하면 몸의 생리적인 현상에도 변화가 생깁니다. 또 거꾸로 몸의 생리적 변화가 일어나면 우리 마음속에 감정도 달라질 수 있습니다. 그렇게 우리의 몸과 마음은 밀접하게 상호작용을 합니다. 우리가 의식적으로 긍정적인 방향으로 나아갈 때, 그 효과는 전인적인 치유와 성장으로 확대됩니다.

1-6

소통 – 커뮤니케이션의 네 가지 유형

커뮤니케이션의 네 가지 유형

우리에게 가장 중요한 것이 가족입니다. 상담을 해보면, 성격이 왜곡되거나 적응을 잘 못하는 학생들의 원인은 가정이었습니다. 가정에서 부모와 자녀의 커뮤니케이션 유형과 소통방식에 따라서 성격에 많은 차이가 있습니다. 가정이라는 좁은 범위에서 본다면 부모 또는 가장이 어떤 유형의 성격을 가졌느냐에 따라서 그 가정의 의사소통 방식이 완전히 달라집니다.

경험주의 가족치료 학자 '사티어'는 가족과 일반 사회에서 소통하는 방식을 네 가지로 구분하였습니다.

첫 번째 유형은 비난하는 사람입니다. 우리 주변에 자기 얘기만

옳다고 주장하는 사람이 있습니다. 좋게 말하면 자기 신념이 강하다 할 수 있지만, 인간관계에서의 소통에 문제가 있습니다. 상대의 말을 무시하고 자기주장을 강하게 펼침으로써 매우 권위적인 가장의 모습을 보입니다. 강력한 표현을 쓰고 때로는 모욕을 줄 수 있는 표현도 씁니다. "너 이 정도밖에 되지 않느냐? 너 수준이 왜 이러냐?"라고 하면서 비판과 비난을 동시에 쏟아 내는 유형입니다. 그런데 이러한 사람일수록 그 내면은 굉장히 나약합니다. 이렇게 강력하게 자기주장만 펼치다 보니까 주변 사람들이 좋아할 리 없습니다. 어느 순간에 그 사람은 스스로 고립을 자초하면서 그 내면에서 '나는 무척 외롭다.'라는 소리가 들립니다. 내면의 자아가 상당히 약해진 모습을 볼 수 있습니다.

두 번째는 호소인 유형입니다. 이 유형은 정정당당히 자기 의견을 밝히는 것이 아니라 상대방 의견에 맹종합니다. 부모가 아이들에게 좋은 훈육이나 적절한 충고를 하지 않고 그냥 아이들의 말에 순종하고 아이들의 말이라면 다 들어주는 형태라 볼 수 있습니다. 어떻게 보면 마음씨가 매우 좋고 착한 것 같지만 그 내면은 반대의 의미일 때도 있습니다. 부모가 이런 커뮤니케이션 방법을 내면화시켜주면 나중에 아이가 성인이 되었을 때 자신의 감정과 신념을 정정당당하게 말하지 못하고 굴종하는 비겁한 인격의 소유자가 될 수 있습니다. 다른 면으로는 장점도 있지만, 이 문제점이 가족이나 사회에서 커뮤니케이션 또는 의사소통에 문제가 발생하기 때문입니다.

세 번째는 분석인 유형입니다. '초이성형'이라고도 합니다. 이런 사람들은 자신이 감정에 휘둘리지 않고 정의롭고 이성적인 사람이라고 생각합니다. 모든 사물이나 상황을 자신이 판단하고 그것이 논리적이고 합리적이라고 주장합니다. 그러나 실제로는 상대방의 마음에 제대로 공감하지 못 하는 사람입니다. 어떻게 보면 마음속에 오직 이성만 존재하고 감정은 중요하지 않다는 생각이 전제된 것입니다. 감정을 느끼고 공감하는 능력이 떨어지다 보니 스스로 나약한 자아를 발견하고 "나는 상처 받기 쉬운 사람이다."라고 생각합니다. 이렇게 자기감정 처리가 미숙한 모습을 보입니다. 남이 볼 때는 공정하고 논리적이며 정의로운 사람처럼 보이는데, 내면에는 상처받기 쉬운 약한 사람이라는 마음의 울림이 있습니다.

네 번째 혼란인 유형입니다. 이 사람의 행동은 앞뒤 예측이 안 됩니다. 겉으로는 유머와 재치가 있어 보이지만 실제는 예측 불가능한 언행을 많이 해서 주변 사람을 혼란에 빠뜨립니다. 이들은 왜 이렇게 예측 불가능한 행동을 하는 걸까요? 그 마음속의 내면에는 이러한 음성이 들려오고 있습니다. "나는 누구에게도 수용 받지 못할 거야. 내 마음을 알아주는 사람은 없을 거야."라는 나약한 자가 존재하고 있습니다.

균형인

간단하게 네 가지의 의사소통 유형을 살펴보았습니다. 이 네 가지 유형의 사람이 가정에서 가장이나 부모의 역할을 했을 때, 자녀들은 어떤 모습으로 성장하게 될까요? 생각할 대목이 많다는 걸 느낄 겁니다. 그렇다면 가장 바람직한 모습은 어떤 모습일까요? 균형인 이라는 커뮤니케이션 유형입니다. 균형인은 세상속에서 자신의 욕구 충족이 균형이 잡혀있고 안정되어 있는 유형입니다. 세상이 나에게 요구하는 것을 과감하게 응해 주고, 나의 욕구 역시 정정당당하게 주장합니다. 자아 강도가 강하고 안정되어 있습니다. 이렇게 이성과 감정의 균형이 잡힌 유형이 균형인 입니다. 어떤 사람이 인격적으로 균형이 잡힌 사람인지 단적으로 알 수 있는 단서가 있는데 균형인 옆에 가면 마음이 안정되고 편안해집니다.

지금까지 '사티어'가 밝힌 문제가 있는 커뮤니케이션의 유형과 사람, 그리고 완벽하게 균형 잡힌 균형 인에 대해 알아보았습니다. 문제가 있는 커뮤니케이션을 하는 사람들의 모습을 역기능적인 커뮤니케이션이라고 합니다. 이러한 곳에서 건강하지 못한 자아가 형성되고, 스트레스와 마음의 문제, 심리적 장애를 불러옵니다. 그래서 가족이나 사회생활에서 어떠한 형태로 커뮤니케이션하는지 살펴보는 것도 의미 있는 일이라고 할 수 있습니다.

2-1 수면이 중요한 이유

2-2 스트레스는 어디에서 오는가?

2-3 긍정적 삶을 사는 방법

2-4 스트레스를 행복 에너지로

2-5 급성 스트레스 장애

2장

스트레스 관리, 가장 강력한 마음 치유제

2-1

수면이 중요한 이유

수면의 단계

평화롭고 창조적인 건강한 마음을 유지하기 위해서는 수면이 아주 중요합니다. 심리 장애를 겪는 사람들은 수면이 건강하지 못해서 어려움을 겪는 경우가 많습니다. 마음에 의식을 재창조하여 평화로운 상태를 회복하는 데 수면의 역할을 알아보겠습니다.

수면은 비렘수면과 렘수면으로 나누어집니다. 비렘수면은 전체 수면의 약 70~75%를 차지하는데 꿈을 꾸지 않고 깊은 휴식을 취하는 상태입니다. 우리가 가장 원하는 수면입니다. 낮 동안의 정보를 의식에 장기 기억으로 저장하고, 창조적인 활동 에너지를 충전합니다. 뇌와 몸이 가장 편안한 수면이라고 볼 수가 있습니다. 부교감신경이 활성화되어 교감신경을 안정시키고, 몸속의 신경 전달 물질을 잘 분비해서 몸의 균형이 이루어지도록 합니다.

반면 렘수면은 꿈을 꾸는 단계로 전체 수면의 25%를 차지합니다. 뇌의 활동도 동시에 이루어지기 때문에 심신의 피로를 풀고 감정을 정리하는 수면입니다. 꿈꾸는 것을 부정적으로 볼 때도 있지만, 꿈을 꿀 수 있어야 마음의 회복을 기대할 수 있습니다. 잠은 얕은 잠에서 깊은 잠으로 4단계를 거쳐 진행됩니다. 두 단계는 얕은 잠에서 깊은 잠으로 또다시 얕은 잠에서 깊은 잠으로 이렇게 반복한다고 알려졌습니다.

수면의 형태

수면습관은 유전인자나 체질에 영향을 많이 받습니다. 수면습관을 각 개인이 독자적으로 습득한 습관으로 아는데 의학적으로 분석하면 유전자나 체질에 영향을 많이 받는다고 알려졌습니다. 가장 바람직하고 이상적인 수면습관은 오전 7시에 기상하여 오후 11시에 취침하는 것이지만 사람의 기질에 따라 다릅니다. 대체로 아침형과 저녁형으로 나누는데 아침형은 주로 새벽 4시에 기상에서 저녁 9시에, 저녁형은 오전 10시에 기상을 해서 새벽 2시에 취침합니다.

수면은 멜라토닌과 체온의 영향을 많이 받습니다. 멜라토닌은 편안한 수면을 가져오는 호르몬입니다. 햇빛에 많이 노출되면 멜라토닌이 줄어 숙면하기 어렵습니다. 멜라토닌의 함량은 새벽 3시경에 가장 많다고 알려져 있습니다. 또 체온과 수면과의 관계를 보면 체온이 최저일 때 가장 깊이 잠을 잡니다. 일반적으로 새벽 5시경이 체온이 가장 많이 떨어지는데 이때가 가장 깊은 잠을 잘 수 있습니다. 그래서 멜라토닌과 체온의 불균형이 생기면 수면 장애가 발생합니다. 또한, 부신피질에서 분비되는 호르몬인 코르티졸도 수면과 연결됩니다. 이 호르몬은 아침에 기상할 때 가장 많이 분비되고, 저녁에 취침할 때는 반대입니다. 아침에 코르티졸이 적게 분비되면 잠을 깨기가 어려워집니다. 저녁으로 갈수록 코르티졸 수치가 떨어져야 하는데 이것이 조절되지 않으면 수면장애가 일어나기 쉽습니다.

수면 장애와 치료

수면장애는 어떤 것일까? 잠을 너무 많이 자거나 잠을 잘 이루지 못하는 경우를 수면 장애라고 봅니다. 뇌에 산소가 많이 부족하면 수면장애가 일어난다고 알려져 있습니다. 그러나 정신적인 스트레스와 신경 화학적인 측면 즉, 알코올 중독이나 뇌 질환 등으로 수면 장애가 올 수도 있습니다. 그래서 수면유도제 복용으로 수면을 유도하기보다는 근본적으로 치료하는 것이 바람직합니다.

특히 성격의 문제나 어릴 때 미해결된 문제가 있을 때는 인지 치료와 같은 심리치료가 필요합니다. 신경질환이나 심장질환으로 인한 수면 장애일 때는 반드시 내원하여 진료받고 그 원인을 파악하여 심리치료를 할 것인가, 약물치료 할 것인가를 결정해야 합니다. 수면유도제는 근본적인 치료방법이 아닙니다. 계속하여 잘못 쓰면 중독되어 여러 가지 질병이 발병하여 치료가 더 어려워집니다. 따라서 의사의 진단은 필수입니다.

약물치료로 부족하고 심리치료가 필요할 때에는 심리치료도 병행되어야 합니다. 그 외에 수면무호흡증으로 하지가 마비되는 증상이 있지만, 이것은 의학적인 범위에 속하기 때문에 여기서는 생략합니다. 비렘수면을 많이 취하면 마음의 정서와 감정의 변화가 잘 처리되고, 몸속에 새로운 신경전달 물질을 잘 분비하여 회복이 빠릅니다. 우리 몸의 멜라토닌과 체온과의 관계를 고려해서 과학적인 수면을 해야 합니다.

2-2

스트레스는 어디에서 오는가?

질병의 원인 - 스트레스

바쁜 일상 속에서 우리는 끊임없이 스트레스에 시달린다. 마치 그림자처럼 우리를 따라다니는 스트레스는 건강을 위협하고 삶의 질을 떨어뜨리는 주범입니다. 스트레스는 단순히 불편한 감정을 넘어, 다양한 질병의 원인이 되기도 합니다.

스트레스의 어원은 라틴어의 stringere이다. stringere는 볼트나 넛트를 조이듯이 팽팽하게 조인다는 뜻입니다. 조인다는 말을 들으면 왠지 기분이 답답해집니다. 우리가 쓰는 스트레스라는 단어에서 나온 steel에서는 여유가 없이 내 마음을 내가 자꾸 조이다 보니 내 자아가 설 곳이 없는 것입니다. 흥미로운 사실은 스트레스가 질병의 원인으로 차지하는 비중이 시간이 지날수록 점점 증가하고 있다는 점입니다. 과거에는 질병의 원인이 주로 감염이나 영양 부족 등 물리적인 요인에 기인했다면, 현대 사회에서는 스트레스가 건강을 위협하는 가장 큰 요인으로 꼽힙니다. 마음이 몸에 영향을 미치기에 여러 가지 신체적인 반응이 동반됩니다.

학자들에 의하면 질병의 원인 중 스트레스가 차지하는 비중이, 1930년대는 약 30%, 1960년대는 약 60%, 1990년대는 90%까지 된다고 합니다. 오늘날은 어떨까? 아마 잘은 몰라도 거의 100% 가 스트레스가 원인이라고 할 수 있습니다. 이렇게 생각해 보니까 스트레스가 치명적이고 아주 위험하다는 것을 알 수 있습니다.

아이 스트레스의 원인은 부모에게 있다

스트레스가 어디서 오는지 우리가 구체적으로 살펴볼 필요가 있습니다. 심리학자는 노이로제로부터 온다고 합니다. 그렇다면 스트레스는 어디에서 비롯될까요? 심리학자들은 부정적인 감정이 스트레스의 주요 원인이라고 지적합니다. 특히 부모의 양육 방식, 즉 자녀를 비난하고 비하하는 언어는 아이들에게 심리적인 상처를 입히고, 성인이 되어서도 스트레스에 취약하게 만듭니다. "넌 왜 이렇게 못하니?", "너 같은 애는 아무짝에도 쓸모없어."와 같은 파괴적인 비난은 아이들의 자존감을 떨어뜨리고, 스트레스에 대한 저항력을 약화시킵니다.

조건부 사랑도 그렇습니다. 자녀를 향한 부모의 사랑도 여러 가지가 있습니다. 그중에서 부정적 감정을 가져오는 게 조건부 사랑입니다. 이번에 1등 하면 책 하나 사줄게, 또는 장난감 사줄 게 이런 식으로 말하는 것이 조건부 사랑입니다. 이런 조건부 사랑이 염증반응을 일으키게 된다는 걸 국내 연구팀에서 발표했습니다. 또 1등 하면 휴대폰 하나 장만해 준다고 하는 것은 1등을 하기가 어렵다는 것을 전제로 하는 것입니다. 아이가 1등을 하면 별문제가 없지만, 도달하지 못하면 열등감이나 좌절감에 휩싸여 아이 내면에 평생 저장됩니다. 사람의 의식 가운데 가장 무서운 것은 깊은 내면에 있는 좌절감과 무의식입니다. 우리 내면에는 우리 마음대로 인식하지도 못하고 통제할 수도 없는 무의식이 있습니다. 불안 때문에 마음이 파괴되어 평생 괴롭고 무서운 심리 상태에 놓일 수 있다. 스트레스는 이런 부정적 감정에서 나옵니다.

조용한 살인자

부정적 감정이 우리 삶과 어떻게 연결될까요? 부정적 감정은 부정적 결과와 불행으로 연결되기도 합니다. 부정적 감정은 우리 삶 속에서 목표와 의미를 상실을 빼앗아가며 스트레스의 가장 중요한 원인 중 하나입니다. 스트레스의 가장 큰 주범이 부정적 감정이고 질병의 원인이라고 한다면, 이 부정적 감정만 잘 해결하면 건강한 삶을 살 수 있습니다.

1976년에 스트레스를 연구한 대표적인 학자 '한스 셀리'는 이 부정적 감정으로 인한 스트레스 자체가 만병의 근원이고, 조용한 살인자라고 했습니다. 그의 논문에서 스트레스를 없앨 수는 없다고 했습니다. 그럼 어떻게 해야 하느냐? 심리학에 '인지적 이론'이 있다. 인지적 사고, 인지적 이론 이런 말을 들어봤을 것입니다. 또한, 심리치료에도 전문 영역으로 들어가면 '인지 치료'가 있습니다. 여기서 말하는 인지란 사물을 어떻게 바라보는지에 대한 방향성을 말합니다. 같은 상황이라도 부정적인 스트레스를 만드는 사람이 있고 긍정적인 스트레스를 만드는 사람이 있습니다. 긍정적 스트레스는 삶의 윤기를 가져오는 삶의 원동력이고, 삶에 생기를 불어넣습니다. 불안을 긍정적으로 바라볼 수만 있다면 행복의 씨앗이 될 수 있습니다.

내가 만든 감정의 늪

그러면, 긍정적 감정이나 부정적 감정은 어떻게 생기는 걸까요? 주변 조건이나 환경 때문에 생기는 것이 아닙니다. 부정적이라고 하는 것은 감정이고 생각인데 그것은 내가 만드는 생각이고, 내가 만드는 감정입니다. 보편적으로 보면 사람의 힘든 감정은 스스로 만들어서 그것을 즐기고 있습니다. 행복한 감정도 마찬가지로 스스로 만들어서 내가 즐깁니다. 이렇게 감정과 생각을 선택할 수 있다면 어떤 것을 선택해야 할까요? 모든 생각과 감정은 누구 때문에 내가 불행하다거나 무엇 때문에 불행하다고 타인이나 환경이 문제가 아니라 그 원인이 자신에게 있습니다. 생각과 감정은 모두 나의 선택이고, 내가 만들 수 있고, 내가 변화시킬 수 있는 영역입니다. 아침에 눈을 뜨면서부터 저녁에 잠자리에 들 때까지 모든 내 감정에 주인공은 '나'입니다. 긍정적으로 볼 수만 있다면 부정적 스트레스는 우리 몸에서 자리할 수 없습니다.

앞에서도 말했지만, 우리 뇌는 명령하는 대로 작동합니다. 부정적인 얘기를 하고 부정적 감정을 내가 내 마음속에서 만듭니다. 이렇게 부정적인 명령을 하면 우리 뇌는 당연히 그 대상을 부정적으로 판단하고, 그에 따라 부정적인 행동을 하도록 명령을 내립니다. 반면 긍정적으로 뇌에 명령을 내리면 그 대상을 긍정적으로 인식합니다. 예를 들어서, 상대방을 악마라고 몇 번 반복하여 명령을 내리면 그 사람은 악마가 됩니다. 그런데 또 반대로 그 앞에 있는 사람을 천사라고 계속 부르면 우리 뇌는 그 사람을 천사로 인식합니다. 이렇게 어떻게 생각하느냐에 따라 결과가 다르게 나타납니다

2-3

긍정적 삶을 사는 방법

행복에 이르는 길

우리가 긍정적 감정을 갖기 위해서는 하나의 완성감, 성취감을 경험해야 합니다. 사람이 어떤 일에 대한 성취감을 가지면 우리 몸속의 신경 전달물질인 도파민이라는 호르몬이 생깁니다. 이 호르몬은 우리가 익숙하게 잘 알고 있는 모르핀의 일종입니다. 우리가 행복 호르몬이라고 자주 들어본 엔돌핀과 비슷한 효과를 하며 효과는 4000배에 달하며 강력합니다.

우리가 어떤 성취감을 가지면 도파민이 분비됩니다. 그래서 성취감을 경험하면 황홀감과 최고의 극치감을 느끼게 됩니다. 세상에 더할 나위 없이 기쁩니다. 이것이 극치감입니다. 이런 감정의 주인공이 되려면 무엇이든지 조그마한 것을 하나의 목표로 삼아서 성취하면 됩니다.

 학창 시절에 영어나 수학 과목을 학교에서 수준별 수업을 했습니다. A반, B반 C반, 그런데 이 부모님들이 잘못된 오해를 하셔서 A반은 제일 훌륭하고 실력 좋은 학생이고, C반은 실력이 조금 모자란다고 생각하니까 모두 A반을 하고 싶어 했습니다.
 지금 생각해 보시면 엄청난 부정적 스트레스를 가져오는 수업방식이었습니다. 왜냐면 아이들의 발달 정도나 학습 정도는 사람마다 차이가 크기 때문입니다. 기초가 부족한 학생은 기초 과정을 만족스럽게 성취하여 성취감을 경험하도록 하는 것이 가장 중요합니다. 그런데 우리 옆집 아이가 A반이니까 우리 아이도 A반 해야 한다는 부모의 욕심으로 아이의 능력과 수준을 고려하지 않는다면 그 아이는 성취감을 경험하지 못합니다.

 우리가 인생에서 성취감을 경험하지 못하였을 때 그 감정은 평생 갑니다. 이것을 심리학에서는 미해결 과제라고 합니다. 이 미해결 과제는 평생 사람을 병들게 합니다. 끊임없이 한을 만들어 거기에 몰두하면서 자기 열등감을 극복하지 못하고 늘 우울함 속에서 보내게 됩니다. 각자의 수준에 맞는 작은 성취에서 성취감을 맛보게 되면 강력한 행복 호르몬인 도파민이 나와서 스트레스를 긍정적 스트레스로 바꿔 줍니다. 즉, 우리가 스트레스를 우리가 없앨 수 없지만, 긍정적 경험을 많이 쌓아서 스트레스를 관리해야 합니다.

우리나라에 '천릿길도 한 걸음부터'라는 속담이 있습니다. 한 단계씩 성취하면서 나아가면 큰 성공에 이를 수 있습니다. 남 보기에 하찮은 일이라도 자신의 수준에 맞는 작은 목표를 세워서 성취감을 맛보게 하여 스트레스를 관리해야 합니다. 점차 수준을 높여 다음 단계에도 성취감을 맛보게 해야 합니다. 그런데 요즘 우리가 스피드 시대에 살다 보니 남과 비교하여 뒤처지면 불안해서 견딜 수 없어 스트레스를 불러옵니다. 앞에서 말했듯이 오늘날 거의 모든 질병의 원인이 100% 스트레스라고 해도 과언이 아닙니다. 스트레스를 이기고 좋은 성과를 만들기 위해서는 우선 자신의 수준을 파악해야 합니다. 그리고 작은 목표부터 시작해 성취감을 맛보며 점차 높은 수준의 목표를 달성하도록 설계해야 합니다.

성취감은 스트레스를 날린다

부정적 감정은 우울증을 불러옵니다. 우울증의 관련하여 요즘의 엄마 심리학 가운데서 '긍정심리학'이라고 들어봤을 것입니다. 긍정심리학의 선구자는 '마틴 샐리그만'입니다. 그가 처음부터 긍정심리학을 얘기하는 것이 아니라 우울증의 원인을 먼저 이야기했습니다. 샐리그만은 우울증의 원인이 학습된 무력감이라고 했습니다. 모든 감정이 부정적으로 가면서 우울증에 빠져드는 것을 심리학에서는 학습된 무력감이라고 합니다. 샐리그만은 1990년대 '학습된 무기력감이 아니라 학습된 낙관주의가 긍정의 심리학이다.'라는 말을 했습니다. 학습된 낙관주의는 작은 목표를 가지고 거기에 의미를 부여해서 성취한다는 것입니다.

이렇게 볼 때 스트레스 해소방법은 간단합니다. 오늘 해야 할 일을 다 하고 나면 저녁에 하루를 마무리하면서 굉장히 기분이 좋아집니다. 이때의 감정이 황홀감과 극치감입니다. 그래서 오늘날 심리학자들은 '인간은 성취감을 먹고 사는 동물'이라고 합니다. 다시 말하면, 성취감을 느꼈을 때 인생의 목표와 의미가 만들어지는 것입니다. 그리고 우울증에서도 벗어날 수 있습니다. 우리 인생에서 목표와 의미가 상실된 것이 우울증입니다.

똑같은 현상을 어떻게 긍정적으로 바라보느냐, 부정적으로 바라보느냐에 차이가 있는 것입니다. 아이의 시험 성적이 100점 만점에 50점일 때 부정적인 인지 구조를 가진 부모는 이렇게 말합니다. "야, 100점 만점에 50점 맞았으면 넌 정말 돌대가리 아니냐? 진짜, 너 부족한 애 아니냐?" 그런데 같은 50점이라도 긍정적인 인지 구조를 가진 부모는 말하는 방식이 다릅니다. "아주 잘했다. 열심히 했는데 50점밖에 안 되었구나. 그런데, 네가 100점 만점에 50점이라는 얘기는 앞으로 더 노력하면 50점이나 더 성적을 올릴 가능성이 있어." 긍정적 인지 구조를 가진 사람들은 목표가 미달 되면 가능성을 얘기해 줍니다.

부정적인 인지 구조를 가진 사람은 현실에 대해서 미래의 가능성보다는 자기 자신을 비판하거나 부정적으로 판단해 버립니다. 사람이 어떤 부정적 판단을 받게 되면 더 이상 의욕을 갖지 못하게 되고 부정적 감정을 갖게 됩니다. 이 간단한 것을 이제까지 우리가 지나쳤습니다. 이제 우리가 해야 할 일은 바로 성취감을 맛보도록 하는 것입니다. 성취감을 맛보지 못하여 목표와 의미를 상실하면 그것이 우리 몸에 남아서 평생토록 미해결 과제를 남습니다. 사람이 미해결 과제가 쌓여서 성취감을 맛보지 못하면 부정적으로 되면서 남을 비판하게 되고 남의 공적을 깎아내리고 계속하여 그런 부정적 감정을 갖게 됩니다.

2-4

스트레스를 행복 에너지로

헤어날 수 없는 스트레스

　면역력이 떨어지면 각종 질병, 심지어 암까지 유발합니다. 스트레스에 대한 정신 의학적인 지식이 참 많습니다. 의사들의 얘기가 조금씩 다르고, 또 심리학자들의 각도가 좀 다를 수 있습니다. 스트레스가 한 가지 원인에서 발생하는 것이 아니기 때문입니다. 인체의 생물학적인 원인이 있고, 그 사람의 생각과 관련된 그 심리학적인 원인과 그 사람을 둘러싼 가족이나 또 기타 사회현상과 같은 사회적인 원인, 환경적인 원인이 복합적으로 작용합니다. 스트레스의 문제를 100% 완벽하게 하려면 생물학, 심리학, 사회학, 정신의학이 함께 다루어야 합니다. 그렇지만, 그런데 지금 일상생활에서 우리가 관리할 수 있는 것이 무엇인지에 초점을 맞추다 보니 주로 스트레스 이론이지만, 주로 심리학적인 것에서부터 약간 의학적인 것과 보편적인 지식을 알아보겠습니다.

스트레스가 질병의 중요한 원인이고 '마틴 셀리그만'은 학습된 무력함이 우울증의 원인이라고 앞에서 말했습니다. 또, 학습된 무력감은 헤어날 수 없는 스트레스 상황이 되면 우울증이 유발합니다. '우울증은 헤어날 수 없는 스트레스'라고 합니다. 부부간에 사이가 좋지 않아도 지속하여 매일 만나야 하니까 그 스트레스가 계속되면 우울증이 됩니다. 부모 자녀 간에도 마찬가지입니다. 학생과 교사 사이에서도 헤어날 수 없는 스트레스입니다. 요즘에는 학교와 교육청에서도 적응이 어려울 때는 전학을 시킬 수도 있고 스트레스가 너무 심해서 폭력적인 성향이 있더라도 전학할 수 있는 제도적인 보완이 있지만, 학교를 쉽게 그만둘 수는 없기 때문입니다. 우리가 개념적으로 가슴에 좀 새겨야 하는 점은 헤어날 수 없는 스트레스가 우울증이니까 뒤집어 얘기하면 우울증을 치료하려면 그 스트레스에서 벗어나기만 하면 가능합니다. 그래서 어떤 스트레스 상황에서 부정적인 것을 긍정적으로 인지 구조를 바꾸면 됩니다. 감정과 생각은 내 가슴 속에서 내가 선택적으로 바꿀 수 있다는 것이 중요합니다. 내 감정의 주인공은 바로 나 자신입니다.

연결고리 끊기 2-3

그런데 우리는 어떤가요? '나는 누구 때문에 화가 나서 미치겠다 혹은 누가 나를 불행하게 했다, 당신 때문에 내가 이렇게 불행한 결혼생활 하고 있고, 우리 아버지 어머니 때문에 내 학교생활이 이렇게 되었다'고 얘기합니다. 스트레스의 본질, 인지 구조를 잘못 이해하기 때문입니다. 옛날 '내 인생은 나의 것'이라는 유행가가 있었는데 참 중요한 얘기입니다. 내 감정과 생각과 말을 얼마든지 긍정적으로 선택할 수 있다는 것이 중요합니다. 이것을 인체의 구조로 이렇게 보면 크게 신경계와 내분비계로 나누어집니다. 신경계에는 교감신경과 부교감신경, 내분비계는 뇌하수체와 부신피질이 있습니다. 교감신경이나 부교감신경은 주로 도파민이라든가 세로토닌 같은 우리의 감정과 관련된 호르몬에 많이 작용합니다. 자동차에도 액셀레이터가 있고, 브레이크가 있듯이 흥분된 감정이나 행복한 감정을 많이 갖게 되면 신경계에는 도파민이 분비되는데 이를 적절하게 잡아주는 게 세로토닌입니다. 그래서 도파민과 세로토닌 호르몬이 중요합니다.

또 내분비에는 뇌하수체와 부신피질이 있는데 여기는 코르티졸과 아드레날린이라는 신경전달 물질이 작용합니다. 스트레스 전문 의학자 '한스셀리'는 스트레스의 원인과 그 요인에는 여러 가지가 있지만, 증상은 한가지로 나타난다고 했습니다. 이것을 의학적으로 일반적응 증후군 (General adaptation syndrome) GAS라고 합니다. 일반적인 증후군은 지속적으로 스트레스에 노출되었을 때 신체에 발생하는 반응을 말합니다. 코티졸과 아드레날린은 우리가 위험한 상태, 위기 상태에 있을 때 대처하는 호르몬입니다. 아주 힘들 때도 우리 생명체는 항상 안정된 상태를 유지하려는 움직임이 있습니다. 좀 지나치면 잡아주고 부족하면 올려줍니다.

　우리 한의학에도 몸이 차거나 뜨거운 사람, 음양이 있습니다. 양이 너무 강하면 과열되니까 음이 좀 잡아주고 또 음이 심하면 기운이 떨어지니까 끌어 올려줍니다. 기운이 떨어지고 에너지 없을 때 끌어올려 주는 것이 바로 보약입니다. 우리 인체도 마찬가지입니다. 스트레스가 우리 몸에 반응할 때 신경계보다는 내분비계가 중요하다는 것입니다. 내분비계는 호르몬이 분비되어 우리 몸의 전체적인 균형을 잡아주고 또 질병과도 관계가 있습니다만 대체로 스트레스는 3단계를 거칩니다. 초기는 경고 단계입니다. 그다음에 저항의 단계를 거쳐 소진의 단계에 이릅니다. 경계 단계에서는 주로 아드레날린과 코르티졸이 분비되면서 균형을 잡아줍니다. 이때 많은 에너지가 소모됩니다. 스트레스 상황을 안정시키려고 아드레날린이 많이 작용합니다.

　혈압이 올라가고 심장이 벌렁거리는 스트레스 상황에서 코르티졸이 잡아줍니다. 코르티졸과 아드레날린이 적절히 분비되면 스트레스에서 안정되게 잡아주는 것입니다. 그런데 이 두 호르몬이 불균형이 되어 코르티졸과 아드레날린 분비가 떨어지면 우리 몸에 문제가 생깁니다. 보통 초기 경고 단계에서 하루나 이틀 내에 스트레스 상황을 바꿔 주지 않으면 만성으로 가게 됩니다. 만성이 되면 저항의 단계인데 아주 오랜 시간 지속됩니다. 짧게 한 두 달 길게는 15년에서 20년까지 이어집니다. 그러면 우리 몸의 면역 기능이 떨어지면서 각종 질병, 심지어 암도 이 단계에서 유발됩니다. 그리고 스트레스는 본격적으로 우리 몸의 구체적인 질병으로 나타나게 됩니다.

 과민성 대장염, 십이지장궤양, 협심증, 부정맥 등의 경우는 맥박이 불규칙하게 뛰어 굉장히 위험합니다. 이런 것이 더 만성이 되면 소진단계가 되어 에너지가 완전히 떨어집니다. 그렇게 되면 우리 몸속에 혈당 수치가 떨어져 저혈당이 되고, 인슐린 기능이 떨어지니 당뇨병이 발병할 수 있는 아주 위험한 단계가 됩니다. 이런 식으로 스트레스 단계가 진행되어 우리 몸이 병드는 것입니다.

 이렇게 본다면 가장 중요한 건 초기 단계에서 무엇을 바꿔야 할까요? 스트레스 상황에서 빨리 부정적 감정을 긍정적 감정으로 선택해서 바꿔 주어야 합니다. 일상생활에서 매일 목표를 설정하여 의미를 찾아 성취감과 황홀감을 맛보는 것이 중요합니다. 스트레스가 긍정적 에너지로 바뀌어 그것이 행복 에너지로 발전되는 것입니다.

2-5

급성 스트레스 장애

스트레스가 주는 상처

앞에서 분리불안장애에 대해 살펴보았다. 분리불안장애도 일종의 정서불안으로, 그 바탕에는 과도한 스트레스가 존재합니다. 이는 정서적으로 조화로운 생활을 방해하는 주요 요인 중 하나입니다. 이번엔 '급성 스트레스 장애'라는 주제로 정서장애에 대해 살펴보고자 합니다. 이 장애는 이름에서 알 수 있듯이 급성 스트레스와 관련이 있습니다.

신체적 질병에서 급성과 만성이 있듯이, 급성 스트레스로 발병하는 정신장애나 성격장애에도 급성과 만성이 존재합니다. 대체적으로 급성 질병은 증상이 아주 과격하게 나타나지만, 지속 기간은

짧습니다. 급성 스트레스 장애의 경우, 과도한 스트레스 상황이 3일 이상, 4주 이내에 나타납니다. 만약 4주 이상 지속 된다면, 이는 다음 시간에 다룰 '외상후 스트레스 장애(PTSD)'로 발전할 수 있습니다.

급성 스트레스 장애는 '외상'이라고 불리는 트라우마로 인해 발생합니다. 외상은 '바깥의 상처'라는 뜻으로, 지울 수 없는 힘든 상처를 의미합니다. 외상은 무의식 속에 잠긴 끔찍한 사건의 경험이나 목격담이 특정 상황을 다시 경험하며 무시무시한 정신적 고통을 불러옵니다. 이러한 외상 상황을 직접 목격하거나 경험했을 때, 또는 가족이나 친한 친구가 그런 상황을 겪었을 때 발생합니다. 이런 충격으로 인해 실질적인 과민한 신체적 정신적 반응을 일으키며 급성 스트레스 장애가 나타납니다.

주로 다음과 같은 상황에서 급성 스트레스 장애가 발생할 수 있습니다. 죽음에 직면하거나 죽음에 대한 위협을 받은 경우, 큰 상해 사건이나 성폭력을 직접 경험하거나 목격한 경우, 피해 상황을 가족이나 친구를 통해 알게 된 경우입니다. 이러한 충격이 3일 이상 4주 이내에 지속될 때 급성 스트레스 장애로 진단할 수 있습니다. 4주를 넘어가면 외상후 스트레스 장애로 발전할 가능성이 큽니다.

급성 스트레스 진단과 치료

급성 스트레스 장애를 진단할 수 있는 주요 증상은 다음과 같습니다. 트라우마 상황이 잊히지 않고 지속해서 생각에 침투하는 경우, 끔찍한 사건의 모습이 꿈에 나타나는 경우, 끔찍한 사건과 관련된 감정, 기억, 생각을 떨쳐버리려고 노력해도 지속해서 떠오르는 경우, 트라우마 사건과 관련된 말을 회피하거나 무시하려는 행동이 지속되면, 심각한 정신적 고통을 겪을 때 급성 스트레스 장애로 진단할 수 있습니다. 이외에도 크고 작은 증상이 나타날 수 있으며, 비슷한 사건을 이야기할 때 불같이 화를 내거나 분노를 표출하기도 합니다. 또한, 급성 스트레스 장애는 '해리 장애'라는 정신 증상을 수반할 수 있습니다. 예를 들어, 중요한 사건의 일부를 기억하지 못하거나 비현실감을 느끼는 경우입니다. 이는 대단히 위험한 증상으로, 조현병뿐 아니라 급성 스트레스 장애에서도 해리 증상이 나타날 수 있습니다. 이러한 증상이 4주 이상 지속되면 외상 후 스트레스 장애로 발전할 수 있습니다.

급성 스트레스 장애의 치료는 주로 약물치료와 심리치료를 병행하지만, 심리치료가 더 중요합니다. 이는 세상을 바라보는 시각이나 사고 방향이 왜곡되어 있기때문에 인지행동치료를 통해 새로운 인지 구조를 설정해주는 작업이 필요합니다. 이를 통해 외상후 스트레스 장애로 발전하지 않도록 예방할 수 있습니다. 급성 스트레스 장애는 약물치료보다는 인지행동치료 및 NLP 심리치료를 통해

4주 안에 새로운 사고 방향을 설정하고 합리적인 생각을 할 수 있도록 도와주는 것이 급선무입니다.

3-1 불안장애 - 공감과 불안에 대하여

3-2 마음통하기 - 라포

3-3 핵심 감정 파헤치기

3-4 자기 학대 멈추기

3-5 타인을 학대했습니다

3장
마음을 들여다 봅니다

3-1

불안장애 – 공감과 불안에 대하여

따뜻한 시선, 공감

　우리는 살면서 누구나 불안을 느낍니다. 마치 거친 파도에 휩쓸린 작은 배처럼 흔들리기도 하고, 불빛 한 점 없는 캄캄하고 낯선 밤길을 헤매는 나그네처럼 길을 잃기도 합니다. 이런 불안으로부터 탈피하기 위해서는 자존감이 회복되어야 합니다. 자존감의 회복은 공감할 수 있는 능력이다. 공감은 마음의 문을 열게 만들고 불안을 극복하고 안정을 찾도록 돕습니다.

　상담 현장에서 흔히 언급되는 단어가 '공감'입니다. 공감은 상대방의 말과 감정에 귀를 기울이는 것으로 쉽게 생각하지만, 좀 더 자세히 들여다보면 상대방의 마음속 깊은 곳까지 내려가 함께 느끼는 것을 의미합니다. 거울처럼 상대방의 감정을 비추어 보여주는 행위와 같습니다. 즉, 상담에서 말하는 공감은 상담자가 내담자 또는 클라이언트, 상담받으러 온 사람의 내면의 마음을 함께 느끼는 것입니다.

그렇다면 어떻게 해야 공감을 잘할 수 있을까요? 바로 그 사람의 긍정적 마음의 의도를 생각해 보고 그의 입장이 되어 '아, 그럴 수밖에 없겠구나.'라고 인정해주는 태도가 필요합니다. '아, 그랬었구나. 그런 상황이었구나. 그런 입장이 있고 네 상황에서는 그럴 수밖에 없었구나.'라고 그의 편이 되어주는 것입니다. 이러한 말 한마디는 상대방에게 따뜻한 위로가 됩니다. 마치 어두운 터널에서 혼자 외롭게 있던 사람의 손을 잡아주는 것과 같습니다.

우리가 공감에 목말라하는 이유는 우리는 누군가에게 이해받고 싶어 하는 존재이기 때문입니다. 내 편이 있을 때 사람이 가장 편안함을 느낍니다. 반면 가장 불안하고 외로울 때는 내 편이 없을 때입니다. 부부간에도 아내가 남편의 편이 되면 그 남편은 늘 든든합니다. 내가 누구의 편이 되어 주는 것, 그게 바로 '공감'이고 '너 관점에선 그게 옳습니다. 네 말이 맞다.'라고 맞춰주는 것입니다. 공감은 상대방에게 맞추는 것입니다. 사람은 다른 누군가를 변화시킬 수 없지만 나를 존중해주고 이해해주는 이가 있는 것만으로도 삶의 의미를 찾을 수 있습니다.

관계 속에서 피어난 꽃

공감은 일방적인 것이 아닙니다. 상호작용을 통해 피어납니다. 내 주변에 있는 사람이면 누구나 공감의 대상이 될 수 있습니다. 결혼한 사람이라면 부부간에, 아이가 있는 부모라면 아이와, 학생을 가르치는 교사라면 학생들과 서로를 존중하고 이해하는 공감 행동을 해볼 수 있습니다.

예를 들어, 학생이 교사의 마음이 들지 않는 행동을 했을 때 옳고 그름을 판단하는 게 아니라 "그래, 너의 관점에서는 그렇게 할 수밖에 없었겠구나, 그게 맞아."라며 행동을 인정해주는 것입니다. 그러면 도덕적으로 비난받아 마땅한 행동을 했을지라도, 자신을 있는 그대로 인정해준 교사 덕분에 그 학생은 스스로 변화합니다.

이런 상황에서 말썽 피우는 학생을 비난하거나 판단하고 비판하면, 그 학생은 더 비뚤어집니다. 사람은 태어날 때부터 도덕심을 가지고 있습니다. 내 행동이 이 사회에서 받아들여질 수 있는 행동인지 아니면 비난받거나 벌을 받아야 하는 행동인지 이미 알고 있습니다.

그런데 그것이 가슴으로 공감되지 않기 때문에 머리의 판단과 다른 행동을 하게 됩니다. 종종 마음이 힘든 이를 보면 머릿속으로는 어떻게 해야 하는지 자신이 잘 알고 있습니다. 그러나 책을 읽거나 강연을 듣는 그 순간에는 깨닫지만, 그렇게 아는 것으로 끝납니다. 사람이 다른 사람의 가슴을 흔들어 놓을 때 그 사람은 변하게 되어 있습니다. 그 힘이 바로 공감입니다. 공감을 실천하려면 먼저 그 사람 편이 되는 것입니다. 도덕적인 판단은 그다음에 해도 늦지 않습니다. 그 사람 편이 되어주면, 굳이 도덕적으로 판단하지 않더라도 스스로 잘못했다고 고백하게 될 것입니다.

공격하거나 방어하거나

사람을 움직이는 힘은 바로 마음의 치유입니다. 거창한 단어가 아닙니다. 변화라고 하는 것은 지극히 작은 곳에서부터 일어납니다. 마음치유도 지극히 작은 마음속의 동기에서 일어납니다. 불안은 마음치유가 일어나지 않을 때 시작합니다. 치유가 필요한 아이에게 엄마가 다그치기만 하면, 치유가 아닌 불안이 일어납니다. 불안은 쉽게 폭력적 성향으로 발현됩니다. 폭력적 성향이 강한 아이의 뒤에는 불안이 있는 경우가 많습니다. 이해와 존중을 받지 못한 아이는 불안해하고 불안의 표출은 폭력으로 이어집니다.

하지만 불안은 자신을 알아주고 존중해주는 이가 한 명만 있어도 불안은 수그러듭니다. 사람은 어느 정도의 불안을 안고 태어나기 때문에 조그마한 불안은 정상입니다. 그게 도를 넘을 때 마음의 병으로 나타납니다. 현대 심리학의 아버지라고 불리는 '프로이드'도 모든 마음의 병이 불안에서 시작되고, 불안을 느끼면 벗어나고 발버둥 치게 된다고 했습니다. 불안에서 벗어나려는 그 발버둥을 전문적으로 '방어기제'라고 합니다. 사람이 불안하게 되면 원래

의도와 다른 행동을 하게 됩니다. 예를 들어 내가 어떤 사람을 그 사람의 의사와 상관없이 일방적으로 좋아한다면 '저 사람이 내 마음을 알아채면 어떻게 하지?'라며 불안해집니다. 그때 사실과 반대로 그 사람이 자신을 좋아한다고 제삼자에게 말하는 경우가 종종 있습니다. 이게 방어기제입니다. 이런 일은 주변에서 흔하게 볼 수 있고, 우리 아이들도 마찬가지입니다. 아이가 "엄마는 나만 미워해."라고 말하며 엄마를 미워합니다. 이는 자기가 엄마를 미워하는 것이 불안하기 때문입니다. 그래서 사람은 불안으로부터 탈피해야 편안해집니다.

불안한 감정을 피하는 방법은 스스로 인정하는 것입니다. '내 마음이 불안하구나. 내가 저 사람을 미워하고 있구나. 내가 그 사람을 좋아하고 있구나.' 이렇게 스스로 그 마음을 인정하는 데서부터 불안이 걷히기 시작합니다.

공감, 있는 그대로 받아들이기

하늘에 먹구름이 있고 바람이 불면 비가 오려고 한다는 것을 미리 알고 있으면 절대로 불안하지 않습니다. 그런데 이런 자연 현상을 알지 못하면 갑자기 먹구름이 끼면 두려워집니다. 옛날 사람들이 하늘에 제사를 많이 지낸 이유가 뭘까요? 자연의 이치를 잘 모르는 시대였기 때문에, 하늘이 인간에게 벌을 내린다는 생각에 두려운 마음으로 제사를 지냈습니다. 어떻게 보면 이 종교심이라고 하는 것도 불안해서 나온 원초적인 마음일 수 있습니다.

불안으로부터 나를 꿋꿋이 지켜 주는 힘이 공감입니다. 내 편이 있으면 어떤 불리한 상황에 있더라도 두렵지 않습니다. 두렵지 않은 마음과 든든한 마음은 바로 내 옆에 내 편이 있을 때입니다. 그래서 가정과 나 자신이 행복하려면, 부모는 철저하게 아이의 편이 되어야 합니다. 아이의 행동이 도덕적이든지 비도덕적이든지 상관없이 먼저 아이 편이 되어준 후에 도덕적인 충고를 해야 합니다. "아, 너의 입장은 그럴 수밖에 없어. 네 마음이 힘들어서 그렇게 했구나. 그러나 이런 행동은 사회에서 받아들여지지 않고, 용납되지 않은 것이기 때문에 오늘로 끝내고, 내일부터는 이렇게 이렇게 하자."라고 인정한 후에 충고하면 그 아이는 기꺼이 받아들입니다. 부부간에도 마찬가지입니다. 남편은 아내 편이 되어주고, 아내가 남편의 편이 되어주면 비록 나쁜 행동을 했더라도 서로 뉘우치게 됩니다. "여보, 오늘 그 행동은 이것으로 끝내고 다음부터는 이렇게 하자."라고 했을 때 기꺼이 받아들입니다. 이것이 바로 공감입니다. 오늘날 많은 정신병자가 공감받지 못한 데서, 불안을 극복하지 못한 데서 시작된 것입니다. 이 불안을 극복하지 못하면 2차로 정신적인 질병이 따라옵니다.

불안할 때, 공감이 필요할 때 필요한 한 마디는 아주 단순합니다. "네가 옳아, 그럴 수밖에 없어. 내가 이해해, 나는 늘 네 편이야." 이 말 한마디가 전부일지도 모릅니다. 서로 조금 더 존중하고 이해하면 불안을 극복하고, 자존감을 지킬 수 있습니다. 자존감은 자신의 능력을 믿는 것이고, 자신의 존재에 대한 신뢰입니다. 무엇이든 지 할 수 있는 능력 있는 사람이라고 스스로 위로할 수 있는 사람은 자존감이 회복된 것입니다. 이것이 바로 공감을 할 수 있는 능력이고, 불안으로부터 탈피할 수 있는 아주 든든한 무기가 될 것입니다.

3-2

마음통하기 - 라포

너와 나는 서로 통했는가?

오늘날 많은 정신병리 현상 중에 마음의 병이 생기는 이유는 서로 마음이 통하지 않기 때문입니다. 의학적으로도 특히 한의학에서 통하는 것을 굉장히 중요하게 생각합니다. 피가 통하지 않으면 피가 뭉치게 되는데 피가 잘 흐르도록 침을 놓습니다. 피가 뭉치면 혈전이 되는데 의학에서는 어혈이라고 합니다. 혈관에 피가 막히면 각종 병이 생길 수밖에 없습니다. 마찬가지로 사람과 사람 사이에 마음의 통로가 막히면 마음에 병이 생깁니다.

우리는 어떤 질병의 그 원인을 얘기할 때 전문용어를 사용하거나 어렵게 생각합니다. 그러나 모든 일이 아주 작은 일부터 시작됩니다. 모든 큰일이 생기는 이유는 작은 것 하나가 원인입니다. 마음의 병이 생기는 원인 중 하나는 마음이 통하는 상황인가 그렇지 않은가입니다. 그래 통하지 못하는 상황을 경색되었다고 합니다. 서로 마음이 통하는 상태를 말하는 말로 '라포'라는 단어가 있습니다. '라포'란 너와 내가 몸은 떨어져 있지만, 둘 사이에 마음의 다리를 놓는다고 보면 쉽게 이해됩니다. 라포가 형성되면 내 마음이 너에게로, 너의 마음이 나에게로 서로 통합니다.

라포 형성의 세 가지 방법

서로 마음이 통하는 상태인 라포를 형성하는 방법은 보통 세 가지가 있습니다.

첫 번째는 상대방의 공감도 중요하지만, 우리 행동이나 말을 상대에게 맞추기입니다. 이를 전문용어로 '미러링'이라고 합니다. 내가 행동하는 대로 거울 속의 내가 따라 한다는 의미입니다. 사람과 사람이 조금 친해지고 통하려면, '미러링'을 통해 그 사람의 행동을 같이 따라 해주면 좋습니다. 음식점에 가서 밥을 먹을 때도, 상대는 재킷을 벗고 와이셔츠 차림인데 나만 정장 차림으로 있으면 왠지 어색합니다. 상대방이 재킷 벗을 때 같이 벗어주면 아주 쉽게 통하게 됩니다. 대화 상대가 코를 만지면 코를 만져주고, 머리를 긁적이면 같이 머리를 긁적이면 상대방은 무의식적으로 편안함을 느끼고, 자신에게 집중하고 있다고 생각하게 됩니다. 상대방이 말할 때 그 상대가 말을 똑같이 한 번 더 반복 해주는 것도 좋습니다.

두 번째는 백트레킹(Backtracking)입니다. 즉 맞장구 치기입니다. 백트레킹은 상대의 행동이나 말처럼 겉으로 드러난 감정을 알아주고 이해하는 일종의 경청법입니다. 부부가 제주도 여행을 갔다고 가정해 보겠습니다. 제주도에는 볼거리가 참 많습니다. 제주공항에 내리면 맨 먼저 나오는 게 용두암이고 더 가다 보면 바닷가에 깎아지른 절벽 주상절리가 있습니다. 아내가 "여보, 절벽이 정말 멋있다."라고 했을 때, "아! 참 멋있다!"라며 같이 감탄 해주면 말하는 사람이 굉장히 기분이 좋아집니다. 그러나 감동은커녕 "야, 경치 좋은 것 처음 봤냐?"라고 냉담한 반응을 보이면 아내의 감정이 상합니다. 그래서 상대방의 말을 같이 따라 해주는 것처럼 백트래킹 한다면 훨씬 가까워질 수가 있습니다. 흔하게 상대방이 '브라보'라고 외칠 때 같이 따라서 '브라보'라고 하는 것 역시 백트레킹입니다.

세 번째는 페이싱(Pacing)입니다. 상대방의 말의 속도와 톤에 맞추어 주는 것입니다. 즉 상대방이 말을 천천히 하면, 나도 천천히 말하고 상대방이 빠르게 말하면 나도 빠르게 말하고 상대방의 높은 음성으로 말하면 나도 높은 음성으로, 상대방이 속삭이듯 나지막한 목소리로 말하면 나도 나지막한 목소리로 말하면, 상대방은 무척 배려받는 마음을 느끼게 되어 서로 마음으로 소통하기가 쉽고 상대방과 마음의 다리가 놓여지는 아주 중요한 소통방법입니다.

긍정의 힘

우리 두뇌는 시키는 대로 반응합니다. 부정적으로 말하면 뇌는 활성화 되지 않지만, 긍정적일 경우에는 무한대로 활성화됩니다. 긍정일 때에 뇌가 활성화되기 때문에 긍정심리학이 생겼습니다. 사람에게 긍정적 얘기를 계속하면 우리 뇌는 나를 긍정적 존재로 인식하고 몸에 긍정적인 명령을 보냅니다. 그때부터 우리는, 더 놀라운 능력을 발휘할 수 있게 됩니다. 행복한 사람의 마음 구조를 보면 늘 긍정적인 단어로 꽉 차 있습니다. 날씨가 흐리면 부정적인 사람은 "왜 이렇게 우울해?"라고 말합니다. 반면 긍정적인 사람은 주룩주룩 내리는 비를 보면서 생각을 더 깊이 합니다. "아, 내 마음도 차분해지는구나!"라고 표현합니다. 또 햇빛이 비치면 너무나 강렬해서 마음이 우울한 사람은 그 빛을 즐기지를 못해서 커튼을 내려버립니다. 이렇게 사람의 마음을 늘 밝게 비춰주는 것이 무엇이냐? 맞장구쳐주는 것입니다. 맞장구는 말뿐 아니라, 몸짓으로도 할 수 있습니다. 때로, 우리의 이 몸짓은 말로 하는 언어보다 수백 배 효과가 있습니다. "당신이 최고입니다."를 말로 하는 것 보다, 엄지손가락을 치켜세울 때 더 강렬하게 와닿습니다.

맞습니다. 맞고요

'라포'는 통하는 것이라 했습니다. 인간관계는 잘 통하는 것부터 시작됩니다. 마음치유도 마찬가지입니다. 내 마음이 잘 통할 수 있도록 도와주는 사람이 있다면, 마음의 병이 그냥 치료됩니다. 나중에 우울증에 대해 말하겠지만, 대다수 억울한 사람들의 특징은 통하는 사람이 없는 외톨이라는 점입니다. 우울에서 벗어나고 자존감을 회복하여 나 자신을 긍정적인 존재로 만들기 위해서 통하는 훈련을 하면 좋습니다. 어떻게 하면 통할까? 관계가 서먹서먹한 사람을 만났을 때, 그 사람 말에 맞장구 한번 쳐 보자. 노무현 대통령이 생전에 자주 쓰던 말이 있습니다. "맞습니다. 맞고요." 이 말은 상대방의 자존감을 올려주는 말입니다. 비록 상대방의 말이 논리에 맞고 내 생각과 다르다고 해도 "아, 맞습니다. 진짜예요. 그래요."라고 한번 실천해 보세요.

'라포'의 실천의 결론은 상대방에게 맞장구쳐주는 것입니다. 상대에게 맞추어보세요. 이것이 긍정으로 가는 지름길입니다. 우리 마음이 긍정으로 찼을 때, 행복하다고 느낍니다. 사람이 행복하면 매 순간순간의 상황이 어떤 의미를 갖게 됩니다. 이제까지 지나왔던 시간을 아무 의미 없이 보냈는데 매 순간이 어떤 의미가 있다고 할 땐, 그 자체가 바로 나에게 긍정적인 존재로 만들어 줍니다. 그래서 주로 의미를 찾는 사람은 기록을 남기거나, 음성을 녹음하거나, 사진을 찍습니다. 순간에 의미를 부여하기 위함입니다. 오늘 한번 실천해 보면 어떨까요?

3-3

핵심 감정 파헤치기

핵심 감정 알아보기

 '아, 이건 뭐야? 내가 왜 이러지?'라고 무심코 한 행동이 내 의지와 상관없이 삶이 흘러가는 모습을 봤을 때 당황스럽고 혼란을 겪기도 합니다. 하지만 감정을 알고 이해하기가 쉽지는 않습니다. 마음과 행동을 이끌어 선택하도록 안내하는 것이 감정인데 그 감정의 흐름은 쉽게 드러나지 않기 때문입니다. 감정은 무의식에서 아주 미세하게 움직이기 때문에 그것을 알아채려면 세심한 주의가 필요합니다. 감정을 알아차리고 감정을 잘 관리하기 위해서는 가슴속에서 일어나는 미세한 감정의 흐름을 잘 파악하는 의도적인 연습과 노력이 필요합니다. 우리가 행복하려면 내 마음속에서 어떤 일이 일어나고 있는지, 감정이 어떻게 작용하고 있는지를 알아가야 합니다.

　우리 삶을 이끌어가는 원동력이 크게 보면 마음의 힘입니다. 이성과 감정이 있는데 나이가 들수록 자신의 행동을 좌우하고 선택의 기준이 되는 것이 감정입니다. 내 행동의 의도를 알아차리지 못하고 어떻게 흘러가는지 관망하며 혼란스러울 때는 감정의 흐름이 아주 격렬하게 움직이기도 합니다. 이렇게 나의 가치관과 행동을 이끌어가는 것이 감정입니다. 그 감정 중에서 가장 오랜 시간에 걸쳐서 내 마음에 큰 틀을 만든 것이 어릴 때 만들어진 핵심 감정입니다.

　핵심 감정은 마음의 중심에서 내 인생을 이끌어가는 아주 힘든 감정일 수 있습니다. 이런 부정적 감정인 핵심 감정은 어떻게 만들어지는 것일까요? 어린 시절에 생긴 마음의 상처가 치유되지 않고 마음에 찌꺼기처럼 남아서 단단한 돌이 되어 만들어집니다. 핵심 감정에 이리저리 이끌려가기도 하고 또 그 핵심 감정 때문에 삶에서 고통을 겪는 경우도 너무나 많습니다. 여기에서 어린 시절에 경험한 상처에는 어떤 게 있을까요? 나를 양육해준 사람 중에서 가장 중요한 사람이 어머니인 경우가 많습니다. 어머니로부터 사랑을 거절당했거나 그 사랑이 충분치 못해서 분노의 감정이 쌓여 마음의 상처가 됩니다. 이렇게 만들어진 부정적 핵심 감정 때문에 계속 고통받습니다. 그래서 보통 사람들은 이 핵심 감정에 휘둘려 어찌할 바를 모르고 삽니다. 핵심 감정을 어떻게 하면 잘 조절할 수 있을까요?

　마음속에 있는 감정을 없앨 수는 없습니다. 좋은 감정과 힘든 감정, 나쁜 감정이 전류가 흐르듯이 끊임없이 흘러가기 때문에, 고통스러운 감정을 없애고 완전히 새로운 감정을 가진 사람이 되기는 어렵습니다. 하지만 마음을 자세히 들여다보면 부정적인 핵심 감정만 있는 게 아닙니다. 내가 그동안 강렬하게 생각했거나, 대수롭지 않게 생각했던 건강한 내 감정이 든든하게 자리하고 있습니다. 이런 건강한 감정을 계속 성장시키고 부정적 감정은 서서히 줄여야 합니다. 건강한 감정이 지속해서 성장하면 자신이 새로운 사람으로 변화하는 걸 막연하게나마 느껴집니다.

마음 지도 다시 쓰기

　우리가 새로운 변화라고 하는 것은 과거에 했던 걸 다 없애고 새로운 걸 만든 게 아닙니다. 다시 태어나지 않는 불가능에 가깝습니다. 마음의 상처가 우리 마음 전체가 아니라. 일부분에 불가합니다. 몸에 생긴 작은 종기가 번져서 몸 전체를 퍼지듯이 핵심 감정도 마찬가지입니다. 그래서 상처받은 부분을 더 크게 자리한 건강한 마음으로 치유해 나간다면 부정적 감정의 범위는 점점 줄어들 것입니다. 이것이 우리가 가장 쉽게 할 수 있는 마음치유 방법입니다.

　까탈스럽고 까다로운 사람, 성질이 급한 사람, 분노가 많은 사람,

또 남을 쉽게 무시하는 사람, 자신을 비하하는 마음이 다 핵심 감정으로 남아 있습니다. 그렇다면 내 마음속에 건강한 마음은 무엇일까요? 조용한 마음으로 하나하나 부정적 감정을 걷어내면서 찾아보면, 갯벌에서 조개를 줍듯이 발견할 수 있습니다.

삶의 무게가 요구하는 만큼 마음이 성장하지 못했기 때문에 문제가 생깁니다. 열등감으로 자신을 실제보다 더 비하해서 스스로 처량한 마음이나 힘든 마음을 만들고, 반대로 과도한 우월감으로 지나치게 경쟁하며 많은 사람과 불화를 일으키고 쓸데없이 격노하여 인간관계가 힘들어지는 것, 자신이 책임을 져야 할 일을 남에게 떠넘기는 것 등 이런 부정적인 감정 때문에 마음이 성장하지 못합니다. 이러한 해로운 습관들이 쌓이면 마음이 성장하지 못하고 삶의 무게에 눌려서 고통을 받습니다.

그러면 진정으로 나 자신을 성장시키면서 성숙한 마음으로 이끌어가는 마음 습관은 문제를 대화로 함께 풀어나가는 태도입니다. 그리고 나와 타인의 모습을 있는 그대로 수용하고 허용하는 그 모습입니다. 나의 판단을 지나치게 개입시키지 않고 마음과 감정을 순리대로 처리하면 마음을 건강하게 보살필 수 있습니다. 힘든 상황이라도 기꺼이 내가 책임을 지겠다는 마음을 가지면, 모든 것이 안정되고 불필요한 마음의 파도가 일어나지 않습니다. 그리고 해결하지 못했던 마음의 상처도 스스로 충분히 통제하면서 수용할 수 있는 마음의 힘이 생깁니다. 이 마음의 힘이 감정을 올바른 방향으로 이끌어가는 수레와 같은 역할을 합니다. 아무쪼록 이렇게 성숙한 마음의 습관을 통해서 마음의 행복을 찾아가는 모습으로 우리가 거듭나기를 바랍니다.

3-4

자기 학대 멈추기

나 자신을 치유합니다

우리는 누구나 다른 사람에게 말할 수 없는 마음의 상처가 있습니다. 물론 내 마음이 건강한 부분도 참 많지만, 살아가면서 점차 대인관계가 불편해지기도 합니다. 그리고 가족생활 속에서도 서로의 관계가 좀 서먹서먹 해지거나, 부부 사이에서도 날이 갈수록 조화롭지 못한 이러한 감정이 늘어가는 이도 많을 것입니다. 자신의 마음은 누구보다 자기 자신이 제일 잘 압니다. 자신의 마음을 스스로 셀프 치료할 수 있는 방법이 셀프 치료입니다.

앞에서 핵심 감정에 대해 알아본 것처럼 잠재의식 속에서 작용하는 어떤 힘이 신념과 가치관이 만들고 내 삶을 이끌어가는 보이지 않게 하는 것이 핵심 감정입니다. 핵심 감정은 긍정적인 것도 있지만 부정적일 때 힘이 더 강합니다. 핵심 감정은 삶을 이끌어가는 감정 중에 나를 힘들게 하는 감정이기 때문입니다. 그래서 마음의 상처를 치료하려면 더 큰 부분을 차지하는 긍정적 감정으로 부정적인 감정을 덮어 해결해야 합니다.

  마음의 상처가 생긴 원인을 자가 진단하는 방법도 있습니다. 핵심 감정은 세상에 태어나서 맨 처음 접하게 되는 타인들 주로 우리 어머니입니다. 어머니한테 사랑받고자 했는데 거절당해 생긴 상처, 물론 어머니 관점에서는 거절이 아니겠지만 내가 느끼기에 거절이었습니다. 거절당해서 쌓인 분노의 감정이 성인이 되어 나타나는 마음의 병은 '거절감'입니다.

자기 학대란

  진지하게 다른 사람에게 부탁했는데 그 사람이 말 한마디로 거절하면 상처를 받습니다. 이때 경험한 거절에서 부정적인 핵심 감정이 생깁니다. 거절감을 느끼면 두 가지 특징이 나타납니다. 자신을 학대하는 자기 학대와 타인이나 상대방을 학대하는 타인 학대입니다. 마음의 고통이 가장 심한 것이 자기 학대이기에 자기 학대에 대해 몇 가지 사항을 한번 검토해보겠습니다.

  첫째, 자기 학대에서 맨 먼저 나타나는 감정은 슬픔입니다. 이 슬픈 감정은 애도의 감정과 비슷하게 나타납니다. 사랑하는 사람이나 존경하는 사람을 먼저 저세상으로 떠나보내면 굉장히 슬픕니다. 또 분리되지 않는 그 마음 때문에 오랜 시간 애도의 마음을 갖습니다. 그런데 여기서 말하는 어릴 적 거절로 인해 생긴 슬픈 감정은 좀 다릅니다. 이것은 장기적으로 부정적인 감정을 마음에 심게 되어 부정적 가치관 형성에 큰 역할을 합니다.

둘째, 거절감을 느끼면 자기 증오의 감정에 빠지게 됩니다. 자기 증오는 스스로 자신을 가치가 없다고 생각하게 만듭니다. 우리는 이 세상에 하나밖에 없는 존재이기 때문에 이성적으로 본다면 아주 소중한 존재입니다. 그러나 자기 증오의 감정은 타인으로부터 사랑받지 못한다는 잘못된 생각으로 자신을 하찮은 존재로 여깁니다. 자기 증오감으로 인한 수치심 때문에 자연스러운 감정을 표현하지 못해서 마음의 벽을 쌓고, 대인관계에서도 깊은 관계를 맺을 수 없어서 마음의 고통과 불편함을 겪습니다.

셋째, 낙심의 감정이 생깁니다. 낙심의 감정은 모든 일이 무의미하여 의욕을 상실한 것입니다. 마음의 에너지가 없어서 자신이 무가치해지고 어떤 것에도 의미를 느낄 수 없어서 자포자기하는 마음 상태입니다. 이것은 사람을 나락으로 떨어뜨리는 절망감을 유발합니다. 이 절망감은 낙심의 감정보다 더 크기 때문에, 생을 포기하게 됩니다. 자기 자신에 대한 수치감과 무가치함이 쌓여서 마음과 육신과 영혼이 혼란에 빠지면 스스로 목숨을 끊는 불행한 사건으로 이어지기도 합니다. 이러한 상황을 절망의 상태라고 합니다. 사람이 절망의 상태를 경험하면 죽음까지 생각하게 됩니다. 절망의 상태는 내 주변에 있는 사람과 상황이 무의미하기 때문입니다.

  사람은 존재의 힘으로 살아갑니다. 의미가 있기에 사는 것인데, 그것을 상실하니까 생을 마감하게 되는 것입니다. 어릴 적에 부모로부터 거절당한 마음의 상처로 인해 생긴 무가치함이 가치 없음이 이런 엄청난 결과를 가져옵니다. 이런 마음으로 괴로운 상황이라면 마음을 점검해 볼 필요가 있고, 전문가의 도움을 받는 것이 좋습니다.

3-5

타인을 학대했습니다

내면의 상처라는 괴물

거절로 인한 마음의 상처가 타인 학대로 이어지는 현상은 매우 심각한 문제입니다. 타인 학대는 자신의 잘못을 인정하지 않고 타인에게 책임을 전가하는 형태로 나타나기 때문에 자기 학대보다 더 위험하고 치명적일 수 있습니다. 특히 타인 학대는 일상에서 빈번하게 일어날 수 있기에 이를 경계하고 인식하는 것이 중요합니다.

타인 학대의 주요 특징 중 하나는 자만심입니다. 자만심은 단순한 자신감이나 개성과는 다르고 깊이 들여다보면 외로움과 내면의 상처에서 비롯된 것입니다. 자만심을 가진 사람들은 겉으로는 자신만만해 보일지 모르지만, 실제로는 타인과의 관계에서 거리감을 느끼고 자신을 타인과 다른 특별한 존재로 여기기 때문에 밀접한 관계를 맺기 어려워합니다. 그 결과, 이들은 허영심과 자기중심주의가 강해지고, 이러한 내적 상태는 궤변으로 이어져 타인을 심리적으로 고통스럽게 만드는 행동을 합니다.

궤변은 자기 논리를 만들어가는 것인데, 이 궤변을 잘하는 사람들은 간단한 사항을 복잡한 논리로 만들어 사람들을 혼란에 빠뜨리곤 합니다. 자만심과 궤변이 겹치면 많은 사람에게 정신적으로 큰 피해를 줄 수 있습니다. 이러한 궤변의 바탕에는 불안정감과 열등감이 깔려 있습니다.

타인 학대에서 중요한 또 다른 요소는 경쟁심입니다. 이 경쟁심은 어릴 때 부모로부터 과잉 성취를 강요받았을 때 나타납니다. 성인이 되면 이러한 경쟁심은 일 중독, 활동 중독, 스포츠 중독, 게임 중독 등으로 이어질 수 있습니다. 이는 어릴 때 과잉 성취를 위해 부모의 강요나 통제를 받은 결과로, 성인이 되어 지나친 경쟁심으로 자신의 능력을 초월하는 과잉 성취를 추구하게 됩니다. 이러한 과잉 성취는 결국 자기 자신에게 좌절감을 안겨주는 부정적인 경험을 초래합니다. 이는 건강하지 못한 방식으로 어릴 적 마음의 상처를 다른 곳에서 충족시키려는 시도에서 비롯됩니다.

가장 심각한 타인 학대의 형태는 타인에 대한 적개심입니다. 이

적개심은 분노의 감정에서 시작되어 점차 증오로 발전하며, 심한 경우 살인까지 이어질 수 있는 아주 위험한 사회적 악으로 볼 수 있습니다. 적개심은 자신이 인정받지 못하고 타인과 공유하지 못하는 마음속의 안타까움과 외로움에서 비롯된 공격적 감정입니다.

타인 학대 방지

이러한 타인 학대의 문제를 방지하기 위해서 다음과 같은 점을 고려할 수 있습니다. 먼저 자기 인식과 성찰이 있어야 합니다. 학대자는 자신의 내면의 상처와 외로움을 인식하고 그것이 타인에 대한 학대로 이어질 수 있음을 깨달아야 합니다. 이를 통해 자신의 감정을 건강하게 표현하는 방법을 배울 수 있습니다. 또 심리적 지원을 받아야 합니다. 전문가의 도움을 받아 마음의 병을 치료하는 것이 중요합니다. 이는 학대자가 자신의 감정을 다루는 법을 배우고, 타인과의 관계를 개선하는 데 도움을 줄 수 있습니다. 마지막으로 사회적 인식의 변화도 필요합니다. 사회 전체가 타인 학대의 위험성을 인식하고, 이를 예방하기 위한 교육과 지원 시스템을 마련해야 합니다. 이는 피해자가 도움을 받을 수 있는 환경을 조성하고, 학대자가 자신의 행동을 돌아보게 하는 데 기여합니다.

특히 부모는 자녀가 사랑의 요구를 하면 이에 응하고, 자녀가 세상을 향해 자신의 욕구를 충족할 수 있도록 지원해주어야 합니다. 이를 통해 자녀는 세상이 자신에게 요구할 때 당당하게 응할 수 있으며, 건강한 자아가 형성되어 행복한 성인으로 성장할 수 있습니다.

거절감으로 인한 마음의 상처는 인지치료를 통해 극복할 수 있습니다. 인지치료는 사건의 의미를 어떻게 부여하느냐에 따라 우리의 감정이 달라지게 합니다. 점을 이용하여 부정적인 관념을 합리적인 신념으로 바꾸는 것이 인지치료입니다.

4-1 편집성 성격장애

4-2 조현성 성격장애

4-3 우울증, 치료가 필요합니다

4-4 내가 우울증이라니!

4-5 불안장애 - 너무 불안해요!

4-6 광장공포증 - 사람이 많은 곳이 두려워요

4-7 감정의 너울 - 양극성장애(조울증)

4-8 공황장애 - 몸의 오류

4-9 전환장애 - 히스테리의 다른 말

4장
어느날, 마음의 장애가 찾아왔습니다

4-1

편집성 성격장애

성격장애와 편집성 성격장애의 특징

성격장애, 즉 인격장애에 대해 구체적으로 살피고자 합니다. 성격장애는 흔히 인격장애라고도 불리지만, 진단 용어는 성격장애입니다. 여기서 얘기할 내용은 미국 정신의학회에서 발행한 DSM-5, 즉 정신질환 진단 및 통계 편람 제5판을 기준으로 합니다. 이는 정신과 의사와 심리치료 전문가들이 활용하는 기준입니다. 성격장애는 일상생활과 대인관계에서 지속적인 어려움을 초래하는 정신 건강 문제입니다. 성격장애의 주요 증상과 간단한 치료방법에 대해 알아보겠습니다. 성격장애로 인해 어려움을 겪는 이들을 이해하고, 약물치료나 심리치료를 통하여 증상을 완화하고 삶의 질을 향상하는 데 도움이 되기를 바랍니다.

성격장애가 있는 사람들의 일반적인 특징은 사고방식이 매우 경직되어 있다는 것입니다. 경직된 사고방식은 개인적인 고통뿐만 아니라, 주변 사람들에게도 불편함을 줄 수 있습니다. 이로 인해 주변 상황에 잘 적응하지 못하고, 새로운 환경이나 변화에 대한 적응력이 부족하여 일상에서 많은 스트레스를 경험합니다. 또한, 이들은 사랑과 배려가 부족하여 대인관계에서 감정을 통제하지 못하고 갈등을 유발합니다. 이로 인해 조화롭고 지속적인 대인관계가 어렵습니다.

정신병의 원인을 분석해보면, 내인적 성향과 외현성 장애, 이 두 가지로 나눌 수 있습니다. 그러나 각 사회의 문화적, 환경적 영향을 받기 때문에 대략적인 기준일 뿐, 100% 정확한 것은 아닙니다. 내인적 성향, 다시 말해 유전적인 소인이나 신체 생리적인 상태가 원인인 경우, 심리치료만으로는 어려운 경우가 많아서 정신과 의사의 처방에 의한 약물치료를 병행하는 것이 좋습니다. 반면, 외현성 장애는 일상의 인간관계 속에서 형성된 편집성 성격 등의 문제를 말합니다. 이런 경우에는 심리치료가 효과적입니다. 그러나 모든 정신병적인 요소에는 심리치료와 약물치료를 병행하는 것이 가장 효과적이라는 연구 결과가 많이 있습니다.

성격장애는 일시적인 반응이 아니라, 청소년기나 성인 초기부터 오랜 기간 이어지는 특성이 있습니다. 또 일시적인 스트레스 반응이나 격렬한 분노와는 달리, 장기적으로 지속해서 이어집니다. 이러한 특성 때문에 치료가 매우 어렵습니다. 어린 시절부터 형성된 이러한 성격적 특성은 만성적으로 쌓여, 이를 변화시키는 데에 많은 시간과 노력이 필요합니다.

편집성 성격장애의 핵심 특징 중 하나는 타인을 쉽게 믿지 못한다는 점입니다. 이들은 타인의 행동을 항상 의심하며, 자신을 해치거나 배신하리라 생각합니다. 이러한 신뢰 결핍으로 가까운 인간관계를 맺기 어렵습니다. 친구나 가족의 사소한 말과 행동도 악의적으로 해석하여서 모함이나 모략으로 받아들입니다. 이로 인해 가까운 사람들과도 점점 멀어지게 되고, 결국 외톨이가 됩니다.

편집성 성격장애가 있는 사람들은 자신을 과대평가하는 경향이 있습니다. 작은 성취도 과장하고, 자만심을 드러내기 쉽습니다. 또한, 자신에게 서운하게 하거나 자신과 생각이 맞지 않는 사람에 대해 지속적인 원한을 품고 있습니다. 이들은 남에게 의존하는 것을 싫어하며, 언제든 배신당할 수 있다는 두려움 때문에 고립적인 생활을 선호합니다. 이러한 특징은 그들이 사회적 관계를 맺는 데 큰 장애가 되며, 주변 사람들과의 갈등을 피할 수 없게 만듭니다.

편집성 성격장애 치료

편집성 성격장애의 치료가 쉽지는 않습니다. 이들은 자신의 문제가 무엇인지 인식하지 못하거나, 인식하더라도 치료를 받아들이기 어려워합니다. 치료 과정에서 중요한 것은 그들의 의심과 불신을 최소화하고 신뢰를 쌓는 것입니다. 심리치료, 특히 인지행동치료(Cognitive Behavioral Therapy)는 왜곡된 생각 패턴을 인식하고 수정하는 데 도움이 됩니다. 이는 타인을 신뢰하고 건강한 인간관계를 형성하는 데 중요한 역할을 합니다.

편집성 성격장애는 치료가 쉽지 않기 때문에 급하게 마음을 먹지 말고, 천천히 환자와 신뢰를 쌓으면서 심리치료나 약물치료를 병행해야 합니다. 예를 들어, 편집성 성격장애의 경우, 기본적인 특징은 세상과 사람을 신뢰하지 못합니다. 타인의 선의적인 말을 악의적으로 해석하고, 사소한 조언이나 비판에도 자신을 중상모략한다고 크게 오해하고 분노합니다. 그래서 많은 사람에게 원한을 품게 되고, 때로는 세상이 불공정하다고 원망하기도 합니다. 이런 특성 때문에, 편집성 성격장애는 치료가 쉽지 않습니다. 주변에서 진료를 권유하면 거부 반응을 많이 일으키기 때문에, 가족이나 지인은 오랜 시간 동안 천천히 신뢰관계를 쌓아가면서 자발적으로 치료를 받도록 이끌어가는 노력이 필요합니다.

4-2

조현성 성격장애

조현성 성격장애의 특징

조현성 성격장애(Schizoid Personality Disorder)는 사회적 관계에 대한 무관심과 감정 표현의 제한된 범위가 특징인 성격장애입니다. 과거에는 분열적 성격장애라고 불리기도 했지만, 최근 DSM-5 기준에 따라 명칭이 변경되었습니다. 이 장애를 가진 사람들은 타인과의 정서적 연결을 회피하며, 사회 활동에 거의 참여하지 않습니다. 이러한 특성 때문에 주변 사람들에게 냉담하고 무심한 사람으로 비춰질 수 있습니다.

조현성 성격장애는 몇 가지 주요 특징으로 구분됩니다. 첫 번째로, 사회적 고립입니다. 이들은 사적 인간관계나 집단에서의 대인관계가 매우 제한적이며, 친밀한 관계를 맺고자 하는 욕구가 현저히 낮습니다. 혼자 지내는 것을 선호하며, 감정 표현도 거의 하지 않습니다. 두 번째로, 감정 표현에 제한적이라는 점입니다. 기쁨, 슬픔, 분노 등 다양한 감정을 잘 드러내지 않으며, 타인과의 감정 교류도 거의 이루어지지 않습니다. 이는 그들이 무감각하거나 차가운 사람으로 오해받는 원인이 됩니다.

세 번째로, 다른 사람들의 칭찬이나 비난에 무관심한 태도를 보입니다. 이는 외부 세계에 대한 관심 부족에서 기인하며, 주변 사람들로부터의 평가에 거의 영향을 받지 않습니다. 네 번째로, 이들은 자기중심적인 활동을 선호합니다. 팀워크가 필요한 활동이나 사회적 상호작용이 많은 활동보다는 혼자서 할 수 있는 취미나 일을 더 좋아합니다. 마지막으로, 성적 욕구가 낮거나 거의 없다는 점입니다. 이성과의 관계에서도 성적 욕구가 드물고, 결혼에도 큰 관심을 보이지 않습니다. 이들은 성적 관계나 로맨틱한 관계를 필요로 하지 않으며, 이러한 관계를 맺는 데 어려움을 겪습니다.

조현성 성격장애를 가진 사람들은 사회적 관계에 무관심하기 때문에 다른 사람이 자신에게 모욕적인 발언을 하거나 분노를 일으키는 행동을 해도 별다른 반응을 보이지 않습니다. 또한, 평소에도 사람들과 대화를 거의 하지 않고 혼자 고립되어 지내는 경우가 많습니다. 직업 선택에 있어서도 주로 혼자 일할 수 있는 직업을 선호하며, 감정을 표현하지 않아 냉정하거나 무심한 사람으로 오해받는 일이 잦습니다. 학교에서도 이러한 성향으로 인해 친구들과 어울리지 못하고 외톨이가 되거나 왕따가 되는 경우가 있을 수 있습니다.

이러한 특성들로 인해 조현성 성격장애를 가진 사람들은 주변 사람들에게 오해를 사기 쉽습니다. 감정 표현의 부족은 이들을 냉정하거나 무심한 사람으로 보이게 하며, 이는 대인관계 형성을 더욱 어렵게 만듭니다. 특히, 학교에서는 친구들과의 관계 형성에 어려움을 겪으며 사회적 고립을 경험하기도 합니다.

조현성 성격장애를 가진 사람들을 돕기 위해서는 관심과 지지를 보여주는 것이 중요합니다. 이들은 감정 표현이 서툴기 때문에, 천천히 감정을 표현할 수 있도록 도와주는 것이 필요합니다. 예를 들어, 그들이 흥미를 느낄 만한 활동에 참여하도록 격려하고, 작은 감정 표현에도 긍정적인 반응을 보이면 자신감을 키워줄 수 있습니다. 또한, 전문가의 도움을 받는 것도 효과적입니다. 심리 치료를 통해 감정 표현과 사회적 관계 형성에 필요한 기술을 배울 수 있으며, 이러한 치료는 개인 상담이나 그룹 치료 형태로 이루어질 수 있습니다.

사회적 기술 훈련 역시 유용합니다. 이는 사회적 상호작용에 필요한 기술을 배우고 연습할 수 있는 기회를 제공하며, 이를 통해 이들이 사회에 적응하고 건강한 인간관계를 맺는 데 도움을 줍니다. 이 과정에서 중요한 것은 꾸준한 지원과 인내입니다.

결론적으로, 조현성 성격장애를 이해하고 도와주기 위해서는 그들의 특성을 인정하고, 지속적인 관심과 지지를 보여주는 것이 필수적입니다. 이를 통해 그들이 조금씩 감정을 표현하고 사회적 관계를 형성할 수 있도록 돕는 것이 가능합니다.

4-3

우울증, 치료가 필요하다

마음의 감기

　우울증은 현대 사회에서 너무나 흔한 정신장애 중 하나로, 흔히 '마음의 감기'로 불립니다. 많은 전문가들이 현대인의 70~80%가 어느 정도 우울증을 경험한다고 추정할 정도로 매우 심각한 문제입니다. 이는 우리의 삶이 점점 복잡해지고, 인간관계가 얽히고설키며, 사회가 빠르게 변화하는 가운데 우리의 정신이 그 속도를 따라가지 못하기 때문입니다. 이러한 환경은 스트레스와 불안을 유발하며, 결국 마음의 병으로 이어질 수 있습니다. 그 대표적인 예가 우울증입니다.

　우울증의 첫 번째 주요 증상은 지속적인 슬픈 감정입니다. 과거에 즐겁고 열정적으로 하던 일들조차 지겹고 짜증스럽게 느껴지며, 일의 능률이 저하됩니다. 이는 자기 비난으로 이어져 더욱 깊은 우울감과 에너지 소모를 초래합니다. 또한, 신체적, 정신적 기능이 전반적으로 저하되면서 일상생활을 유지하기 어렵게 만듭니다.

우울증은 단순히 기분이 나쁜 상태가 아니라, 삶의 모든 영역에 영향을 미치는 심각한 상태입니다. 종종 갑작스럽게 찾아와서 자신도 그 원인을 알기 어려울 때가 많습니다. 일상생활에서 온종일 우울감이 지속되며, 과다 수면이나 불면증이 나타날 수 있습니다. 그러나 우울증은 단순히 수면 문제나 식욕 변화로만 설명되지 않습니다. 식사량이 급격히 변하거나 과도한 식욕이 생기기도 하며, 마음의 상태는 불안과 초조함으로 가득 차 있습니다. 이는 종종 몸이 불안정하게 움직이게 하고, 일상 생활에서도 민감한 반응을 보이게 할 수 있습니다. 자존감이 낮아지고 모든 것이 자신의 잘못임을 느낄 때도 많이 있습니다. 이는 심리적으로 큰 고통을 주며 우울감이 더욱 심해지게 합니다. 심한 경우에는 자살 충동까지 경험할 수 있으며, 이는 신속한 전문가의 개입이 필요한 위급한 상황을 의미합니다.

이러한 증상들이 2주 이상 지속하여 나타나고, 일상에 심각한 영향을 미칠 때 정신건강 전문가를 찾아가 진단과 치료를 받는 것이 중요합니다. 적절한 심리치료와 필요에 따라 약물치료를 통해 증

상을 완화할 수 있습니다

우울증은 왜 생길까?

우울증의 원인은 다양합니다. 생물학적 요인으로는 유전적 경향이 큰 영향을 미칠 수 있습니다. 가족력이 있거나 특정 생리적 요인이 있는 경우 우울증 발생 위험이 증가합니다. 또한, 정신분석학적 관점에서는 내면의 억압된 감정, 자기 비판, 혹은 무의식적 갈등이 우울증을 유발할 수 있다고 봅니다. 환경적 스트레스, 트라우마, 대인관계 갈등도 우울증의 주요 유발 요인으로 작용합니다.

우울증은 크게 내인성 우울증과 반응성 우울증으로 구분됩니다. 내인성 우울증은 주로 생물학적, 생리학적 원인에 의해 발생합니다. 이 경우 약물치료가 중심이 되며, 심리치료는 보조적 역할을 합니다. 약물치료를 통해 증상을 완화시킨 후, 심리치료를 통해 심리적인 측면을 지원받는 것이 일반적인 접근 방법입니다. 반면, 반응성 우울증은 사회적 상호작용이나 개인의 경험과 같은 환경적 요인에 의해 발생하며, 심리치료가 주요 치료법으로 사용됩니다. 개인의 사회적 문제를 해결하고, 내면적으로 발생한 갈등을 해소하기 위한 심리적 지원이 필요합니다. 때에 따라 약물치료가 보조적으로 사용될 수 있습니다. 두 유형 모두에서 심리치료와 약물치료의 병행이 효과적일 수 있습니다.

우울증은 치료 가능합니다

치료 방법으로는 약물치료와 심리치료가 있습니다. 약물치료는 뇌의 신경전달물질을 조절하여 우울증 증상을 완화하는 데 도움을 줍니다. 특히 세로토닌 수치를 증가시키는 항우울제가 널리 사용됩니다. 심리치료는 개인 상담이나 그룹 치료 형태로 이루어지며, 감정 표현과 사회적 관계를 형성하는 데 필요한 기술을 배우는 과정입니다. 이는 장기적인 관점에서 접근해야 하며, 꾸준한 지원과 인내가 요구됩니다.

우울증은 적절한 치료를 통해 극복할 수 있는 질환입니다. 치료 과정에서 자신을 돌보고, 긍정적인 생활습관을 유지하며, 주변의 지지와 도움을 받는 것이 중요합니다. 또한, 초기에는 증상을 인지하고 전문가에게 도움을 요청하는 것이 필수적입니다. 우울증은 혼자서 싸우는 것이 아니라, 함께 극복할 수 있는 병입니다. 이를 통해 마음의 감기를 치료하고, 우울증의 증상뿐만 아니라 그 원인과 결과를 체계적으로 관리하며, 보다 건강하고 행복한 삶을 되찾을 수 있습니다.

4-4

내가 우울증이라니!

일상에서 흔히 경험하는 요소들을 중심으로 우울증의 원인에 대해 살펴보면, 다양한 일상적인 행동 패턴이 우울증의 발생과 직결된다는 것을 알 수 있습니다. 예를 들어, 지속적인 우울한 감정, 수면 문제(과다 수면이나 불면증), 식욕 문제(폭식이나 거식), 그리고 끊임없는 불안과 불안감은 우울증의 주요 특징입니다. 자주 나타나는 감정으로는 죄책감, 가치 없음을 느끼는 감정, 인생의 무의미함 등이 있습니다. 이런 행동과 감정 패턴은 우울증의 본질적인 원인을 밝혀내는 데 중요한 역할을 합니다. 이들 요소가 모여 자아 존중감이 저하되어 우울증이 발생합니다. 여러 원인이 있을 수 있지만, 자아 존중감의 저하가 가장 중요한 요인으로 작용합니다. 따라서 우리는 이러한 일상적인 요소들이 어떻게 우울증의 원인으로 작용하는지에 대해 깊이 이해하고, 개인의 심리적, 감정적 상태를 향상시키기 위한 전략에 대해 알아보는 것이 중요합니다.

우울증의 원인과 특징은 다음과 같습니다. 우울증은 다양한 요인들이 복합적으로 작용하여 발생하는 심리적인 장애입니다. 이러한 원인들 중 하나로서, 어린 시절에 경험한 부모와의 관계에서 비롯된 정서적 상처나 트라우마가 우울증을 유발할 수 있습니다. 우울증의 주요 특징 중 하나는 사고 방식의 부정적 변화입니다. 이로 인해 사람들은 긍정적이지 않고 부정적인 방향으로 생각하게 되며, 이는 종종 비합리적인 인지적 오류로 나타납니다. 예를 들어, 흑백논리적 사고는 모든 상황을 단순히 '옳다' 혹은 '틀렸다'로 이분법적으로 분류하려는 경향을 보입니다. 이러한 사고 방식은 감정적 불안감과 우울증을 증가시킬 수 있습니다.

또한, 사건이나 상황을 과도하게 확대하거나 축소하여 해석하는 것 역시 우울증의 특징 중 하나입니다. 이는 실제 상황을 합리적으로 이해하지 못하게 만들어 우울증 증상을 심화시킬 수 있습니다. 또한, 독단적이고 부정적인 판단을 내리며 타인을 평가하거나 깎아내리는 독심술적인 판단으로 나타날 수 있습니다.

이러한 우울증의 특징을 극복하기 위한 주요 접근법 중 하나는 인지치료입니다. 인지치료는 환자의 부정적 사고 패턴을 인식하고, 이를 긍정적이고 합리적인 방향으로 변화시키려는 심리치료

기법입니다. 환자는 자신의 생각과 신념이 어떻게 그들의 감정과 행동을 조절하는지를 이해하고, 이를 통해 자아 존중감을 회복하고 긍정적인 삶의 방향을 찾을 수 있습니다.

더불어, 정서적 지원과 함께 심리치료는 개인 맞춤형 접근법으로 적용되어야 합니다. 환자의 개인적 상황과 필요에 따라 적절한 방법을 선택하여 심리적 안정을 회복하는 데 도움을 줄 수 있습니다. 우울증은 현대 사회에서 널리 퍼져 있으며, 이를 이해하고 적절히 대응하는 것이 중요합니다. 개인과 사회적 지원을 통해 우울증을 이기는 데 도움이 되는 방법들을 모색하고 실천하는 것이 필요합니다.

우울증은 현대 사회에서 흔히 발생하는 심리적 어려움으로, 이를 극복하기 위한 다양한 치료 방법들이 중요하게 고려되고 있습니다. 특히, 최근 많은 인기를 끌고 있는 NLP(Neuro-Linguistic Programming) 심리치료는 다양한 심리치료 접근법을 통합하여 개발된 프로그램입니다. 이는 정신분석학적 접근, 사티어 가족치료, 행동주의, 내면치료 등 다양한 요소를 포함하여 환자의 심리적 상태를 전체적으로 다루려는 노력의 일환입니다.

정신분석학적 접근법은 환자의 무의식적 부분에서 기인한 갈등이나 분노 등을 탐구하고 해소하는 데 중점을 둡니다. 이는 환자가 자신의 감정적 장벽을 이해하고 극복하는 데 도움을 줄 수 있습니다. 또한, 약물치료는 우울증의 생리학적 증상을 완화하는 데 중요한 방법이며, 단기적인 효과를 보일 수 있으나 장기적으로는 심리치료와의 병행이 필수적입니다. 심리치료는 긴 호흡을 요구하는 치료 방법으로, 보통 10회기 이상의 세션을 통해 부정적인 사고 방식을 긍정적으로 전환시키는 데 중점을 둡니다. 환자는 자신의 생각과 신념이 감정과 행동에 어떤 영향을 미치는지를 깊이 이해하게 되며, 이를 통해 자아 존중감을 회복하고 긍정적인 삶의 방향을 모색할 수 있습니다.

NLP 심리치료는 감정적인 자아를 개선하고 긍정적인 신념을 심어줌으로써 환자의 내면 변화를 유도합니다. 긍정적 사고 방식을 훈련함으로써 환자가 일상 생활에서도 긍정적으로 적응할 수 있도록 도와줍니다. 이는 우울증의 재발 예방과 정신적 안정 유지에 중요한 역할을 합니다.

마지막으로, 우울증은 심각한 경우 자살 생각과 계획을 동반할 수 있으므로, 주변 사람들은 환자를 지속적으로 지원하고 격려해야 합니다. 이는 우울증 치료의 중요한 부분으로, 환자가 자신의 감정을 이해하고 심리적 안정을 회복할 수 있도록 돕습니다.

따라서 우울증 치료에서는 다양한 접근법과 방법론을 조화롭게 결합하여 맞춤형 치료가 필요합니다. 이는 지속적이고 성실한 노력을 통해 가능하며, 긍정적인 변화와 함께 정신적 건강을 회복할 수 있는 길을 열어줍니다.

4-5

불안장애 - 너무 불안해요!

불안도 심각한 병이다

불안장애는 우리 일상에서 자주 경험하는 감정 중 하나입니다. 그러나 과도하게 불안하거나 걱정하는 것이 지속적으로 나타날 때 범불안장애로 분류합니다. DSM-5에 따르면, 이 증상이 6개월 이상 지속되며 사회적, 직업적 기능에 지장을 주는 경우에 해당됩니다. 이는 단순히 일상적인 걱정이나 불안과는 구별되는 중요한 점입니다.

현대 사회에서는 다양한 스트레스 요소와 함께 불안장애가 증가하고 있습니다. 환경적인 변화나 사회적인 압력 등이 불안장애의 발생과 지속에 영향을 미칠 수 있습니다. 따라서 이러한 경우에는 전문가의 도움을 받아 약물치료나 심리치료를 통해 적절한 치료를 받는 것이 중요합니다. 정신건강은 우리 삶의 질과 복지에 매우 중요한 역할을 합니다. 따라서 불안장애와 같은 정신건강 문제에 대해 무시하지 않고 적극적으로 접근하고 관리하는 것이 필요합니다.

불안장애는 일상에서 자주 겪는 걱정과 불안이 정상 범위를 넘어서 발생하는 상태를 뜻합니다. 범불안장애는 이러한 증상들이 너무 심하게 나타나서 일상생활에 지장을 주는 경우를 말합니다. 이는 단순히 일시적인 스트레스나 걱정이 아니라, 불안 증상이 6개월 이상 이어지며 생활에 심각한 영향을 미칠 수 있는 정신질환입니다.

불안장애의 증상은 다양하지만, 주로 마음이 매우 초조하고 불안하며, 불필요한 걱정이 계속하여 들끓는 게 특징입니다. 이로 인해 근육 긴장, 과민증상, 수면 장애 등 몸의 반응이 나타납니다. 또한, 결정을 내리기 어렵고 우유부단해지며, 일상에서의 적응이 어려워질 수 있습니다. 따라서, 범불안장애가 있다고 의심될 때는 전문가의 도움을 받아 적절한 치료를 받는 것이 중요합니다. 치료를 통해 질서와 안정을 되찾을 수 있습니다.

불안장애는 현대 사회에서 흔히 발생하는 정신질환 중 하나로,

많은 사람이 심리적, 사회적 어려움을 겪습니다. 이에 대해 여러 학파의 다양한 시각으로, 각각의 관점에서 중요한 진단과 치료방법을 제시하고 있습니다. 정신분석학에서는 불안장애가 내면의 미해결 갈등이나 감정적 어려움에서 비롯된 것으로 볼 때, 어린 시절부터 내면에 깊게 뿌리박혀 있는 갈등이나 원한이 불안을 유발하는 주된 요인이라고 설명합니다. 이러한 관점에서는 정신 분석을 통해 내면의 갈등을 해결하고 자아의 성장을 도모하는 접근이 중요합니다.

반면 인지치료 학파에서는 불안장애가 일반적인 사람들과는 다른 사고 패턴에서 비롯된다고 주장합니다. 뇌의 사고 과정이 지나치게 예민하게 반응하여 일상적인 스트레스 상황에서도 과도한 불안을 경험할 수 있다고 보며, 이를 수정하고 조절하는 훈련이 필요하다고 강조합니다. 인지행동치료는 이러한 사고 과정을 분석하고 수정하여 불안을 줄이는데 효과적인 방법으로 인정받고 있습니다. 걱정사고 기록지를 활용한 훈련과 같은 방법을 통해 불안을 자연스럽게 관리하는 방법을 제시합니다.

2)불안도 치료가 필요합니다

불안장애의 치료에는 약물치료와 심리치료가 병행된 접근이 효과적입니다. 약물치료는 주로 심리적인 증상을 완화하는 데 도움을 주는데, 특히 벤조다이아제핀 계열의 약물을 널리 사용합니다.

심리치료는 개인의 불안을 유발하는 사고 과정을 수정하고 효율적인 대처 방법을 학습하는 과정을 포함합니다. 이러한 치료 접근법들을 병행하여, 불안장애의 증상을 더욱 효과적으로 관리하고 일상생활의 질을 개선할 수 있습니다.

결론적으로, 불안장애는 다양한 원인과 복잡한 증상을 가진 질병이지만, 정신의학과 심리치료 전문가의 지도하에 적절한 치료를 받으면 많은 사람이 성공적으로 관리할 수 있습니다. 개인의 특성과 상황에 맞는 맞춤형 치료 계획을 통해 불안장애를 자연스럽게 극복할 수 있는 길을 모색하는 것이 중요합니다.

4-6

광장공포증 – 사람이 많은 곳이 두려워요

광장의 공포!

광장공포증은 넓고 공개된 장소에서 강한 불안과 공포를 느끼며, 그로 인해 특정 상황을 회피하려는 행동을 보이는 심리적 상태를 말합니다. 이 공포는 단순한 불편함 이상의 반응으로, 극도의 신체적 증상과 정서적 증상을 동반하며, 때로는 개인의 일상생활에 심각한 영향을 미칩니다.

왜 광장공포증이라고 할까요? 주로 개방된 공간이나 많은 사람과의 상호작용에서 발생하는 두려움에서 비롯되기 때문입니다. 이러한 두려움은 장소 그 자체에 대한 공포뿐만 아니라, 그 장소에서 일어날 수 있는 상황에 대한 예상과도 관련이 깊습니다. 예를 들어, 사람들이 많이 모이는 쇼핑몰, 공원, 혹은 대중교통과 같은 환경은 광장공포증을 가진 사람들에게 큰 스트레스를 유발할 수 있습니다. 이들은 자신이 공포를 느끼는 장소에서 불안을 느끼거나 공황 발작을 경험할 것이라는 두려움 때문에 해당 장소를 회피하려는 강렬한 욕구를 보입니다.

반대로, 폐쇄된 공간에 대한 두려움도 있다. 백화점, 대형 쇼핑몰, 영화관 등 밝지 않은 공간에서 공포를 느끼며, 영화를 보지 못하고 밖으로 뛰쳐나오는 경우도 있습니다. 또 많은 사람 앞에서 연설할 때나 넓은 장소에서 두려움을 느끼며, 몸의 불안한 동작이 수반될 때도 광장공포증으로 볼 수 있습니다. 이런 경우, 장소의 크기와 상황이 불안을 가중시켜 극도의 공포를 유발합니다.

이 공포증의 특징은 단순히 특정 대상이나 장소에 적응하지 못한 결과로 나타나는 것이 아닙니다. 오히려, 심리적, 생물학적, 그리고 환경적 요인이 복합적으로 작용한 결과로 볼 수 있습니다. 예를 들어, 광장공포증은 종종 공황장애와 연관되어 나타나기도 합니다. 공황 발작은 갑작스럽고 강렬한 불안과 함께 심장 두근거림, 숨가쁨, 어지러움 등의 신체적 증상을 동반하며, 이러한 경험은 다시 광장공포증 증상을 강화시키는 악순환으로 이어질 수 있습니다.

광장공포증은 단순히 특정 상황을 불편하게 여기는 수준을 넘어섭니다. 이로 인해 회피 행동이 일상생활을 제한하고, 사회적 고립으로 이어질 가능성도 있습니다. 공포를 느끼는 상황을 피하려는 시도는 극도의 불안과 함께 예민함, 분노, 혹은 무기력감을 유발할 수 있으며, 이는 대인관계와 정서적 안정에 부정적인 영향을 미칠 수 있습니다.

특히 광장공포증을 가진 사람들은 자신이 두려워하는 상황에서 벗어나기 어려울 것이라는 인식을 가지는 경우가 많습니다. 이는 고립감을 더욱 심화시키고, 공포증의 증상을 지속시키는 원인이 됩니다. 또 공황 발작이 동반되는 경우, 두 상태를 명확히 구분하기 어려워 치료와 관리를 복잡하게 만들기도 합니다.

치료는 가족과 함께

광장공포증은 주로 청년기에 발병하며, 20대 초반에 많이 나타나는 것으로 알려져 있습니다. 통계적으로 남성보다 여성에게서 더 많이 발생하는 경향이 있습니다. 이러한 공포증은 약물치료와 심리치료를 병행하는 것이 중요합니다. 또한, 어린 시절 부모와의 애착 형성이 제대로 이루어지지 않으면 분리 불안과 공포를 유발할 수 있습니다. 그래서 유아기에 부모의 따뜻한 보살핌과 함께하는 시간이 매우 중요합니다.

광장공포증을 해결하는 방법 중 하나는 두려운 대상이나 장소에 함께 가주는 것입니다. 가족들이 인내심을 가지고 쇼핑, 영화 관람, 외식 등을 함께 하면서 두려움을 완화시킬 수 있습니다. 이는 단순한 회피 반응을 넘어서 심리치료의 중요한 부분입니다. 광장공포증뿐만 아니라 정신질환 전반에 걸쳐, 든든한 마음의 울타리가 되어주는 것이 치료에 매우 효과적입니다. 물론, 증상이 심각할 경우 심리치료와 더불어 전문가의 약물치료를 병행하는 것이 가장 좋습니다.

 광장공포증은 우리의 일상에 깊게 영향을 미치는 심각한 문제입니다. 이를 단순한 '겁먹음'으로 치부해서는 안 됩니다. 공포증을 겪는 사람들에게 필요한 지원과 이해, 적절한 치료 방법을 제공하는 것은 매우 중요합니다. 여기서 논의한 내용이 광장공포증을 이해하는 데 도움이 되기를 바랍니다. 함께하는 마음과 따뜻한 보살핌으로, 우리는 이 공포증을 극복할 수 있습니다.

4-7

감정의 너울 – 양극성장애(조울증)

양극성 장애 – 감정의 너울

양극성 장애는 조울증으로도 잘 알려져 있습니다. 이는 기분의 극단적인 변화가 특징인 정신질환입니다. 조울증을 겪는 사람들은 기분이 극도로 좋아지는 상태와 극도로 나빠지는 상태를 반복적으로 경험합니다. 이러한 기분의 극단적인 변화 때문에, 이 질환은 '양극성 장애'라는 이름을 가지게 되었습니다. 조울증의 주요 증상은 '조증'과 '울증'입니다. 조증은 기분이 매우 고양된 상태로, 에너지가 넘치고 자신감이 충만합니다. 반면 울증은 기분이 매우 저하된 상태로, 깊은 우울감에 빠져 일상생활조차 어렵게 느낍니다.

양극성 장애가 심해지면 기분 변화가 매우 빠르게 일어나고 말과 행동이 매우 활발해집니다. 잠시도 가만히 있지 못하고, 새로운 사업을 시작하거나 무리하게 프로젝트를 추진하는 등의 행동을 보이기도 합니다. 그러나 이러한 노력에도 불구하고 성과는 미미합니다. 이는 비합리적이고 논리적이지 못한 사고방식, 즉 '사고의 비약' 때문입니다. 그 결과, 이들은 직업적, 사회적, 인간관계에서 많은 문제를 겪습니다. 양극성 장애를 진단하기 위해서는 이러한 증상이 최소 2주에서 4주간 연속하여 나타나야 합니다. 특히 일주일에 4번 정도 조증이나 울증 상태가 연속적으로 나타나는 경우, 전문가의 진단이 필요합니다.

순환감정 장애는 양극성 장애보다 경미한 형태로, 가벼운 조울증이라고 볼 수 있습니다. 이 장애를 가진 사람들은 기분이 들뜨거나 우울한 상태를 반복적으로 경험하지만, 양극성 장애만큼 극단적이지는 않습니다. 그러나 이들은 알코올, 니코틴 등의 물질 중독이나 수면 장애를 동반하는 경우가 많습니다. 양극성 장애와 순환감정 장애의 원인은 유사합니다. 생물학적 요인과 유전적 요인이 중요한 역할을 하며, 특히 일란성 쌍둥이의 경우 양극성 장애의 발병 확률이 70%에 달합니다. 또한, 세로토닌, 도파민, 노르에피네프린과 같은 신경전달물질의 불균형도 이들 장애의 원인이 됩니다. 치료방법으로는 심리치료와 약물치료가 병행되어야 합니다. 심리치료는 인지행동치료나 NLP 심리치료가 효과적이고 약물치료는 주로 리튬 계열의 약물이 사용됩니다. 초기 치료가 중요하며, 전문가의 진단과 처방을 받아야 합니다.

초기 대응이 중요

양극성장애는 초기 증상을 인지하고 신속하게 대응하는 것이 중요합니다. 일상생활에서 불편함을 느끼거나 인간관계나 직장에서 어려움을 겪는다면, 즉시 전문가의 도움을 받는 것이 좋습니다. 초기에 치료하지 않으면 만성화되어 치료가 어려워질 수 있으며, 평생 치료가 필요할 수 있습니다. 따라서 주변에 이러한 증상을 겪는 사람이 있다면, 적절한 도움을 제공하는 것이 중요합니다.

양극성 장애는 불안장애(공황장애, 사회불안장애)나 주의력결핍과잉행동장애(ADHD), 물질사용장애(중독장애)와 같은 정신장애가 자주 동반되는 경우가 많습니다. 연구에 의하면 양극성장애를 가진 사람의 거의 절반이상이 알코올이나 물질사용장애를 겪는 경우가 많습니다. 좀 더 전문적인 영역으로 들어가면 양극성장애는 I, II형으로 나누어 설명되는데 지금 말씀드린 것이 제 I 형 양극성장애의 특징이며 II형 양극성장애는 I 형에 비하여 마음이 극도로 좋아지는 조증현상이 일정한 기간이 없이 발생된다는 점이 다릅니다.

4-8

공황장애 – 몸의 오류

숨을 쉴 수 없다면

공황장애란 무엇일까요? 공황장애란 갑작스러운 공포와 불안으로 인해 신체적 증상이 나타나는 정신질환입니다. 공황이라는 단어 자체가 이미 많은 것을 설명해주고 있습니다. 공황은 마음 상태가 매우 황폐해지며, 정신이 혼미해지고, 땀이 나고, 죽을 것 같은 느낌, 호흡이 멎을 것 같은 공포, 그리고 토할 것 같은 증상이 갑작스럽게 나타나는 상태입니다.

공황발작은 식은땀, 몸이 뻣뻣해짐, 숨을 쉴 수 없을 정도로 가슴이 답답함, 가슴 통증, 진땀, 몸의 감각 이상, 그리고 극도의 두려움으로 나타납니다. 마치 천둥과 번개가 치는 날 산속에서 혼자 있을 때의 두려움을 느끼는 것과 비슷한 강도의 두려움을 경험하게 됩니다. 이로 인해 신체 감각에 이상이 생기고, 목이 틀어지고, 숨을 몰아쉬며, 데굴데굴 구르기도 합니다. 때로는 간질병 환자의 발작과 비슷한 모습이 나타날 수도 있습니다.

공황발작은 보통 10분 이내에 최고조에 달하며, 서서히 감소하여 전체 발작 시간은 10분에서 20분 정도입니다. 터널 안이나 비행기 같은 폐쇄된 장소에서는 숨이 멎을 듯한 공포를 느끼기 때문에, 비행기를 타거나 운전할 때는 정신과 처방이 필요합니다. 공황발작은 예고 없이 일어나기 때문에 각별한 주의가 필요합니다. 공황장애는 주로 청소년 후기, 20대 후반부터 30대 초반에 많이 나타난다고 보고되고 있으며, 여성의 발병률이 남성보다 두 배나 높습니다. 이 증상은 불안장애와 함께 나타나는 경우가 많습니다. 이러한 증상이 나타나는 경우, 전문가의 도움을 받는 것이 중요합니다.

공황장애는 유전적 요인과 생리적, 생물학적 요인을 가지고 있습니다. 최근에는 복잡한 사회생활로 인한 심리적 갈등이 공황장애를 일으킨다는 보고도 많습니다. 예를 들어, 만성적인 불쾌한 감정이 쌓여 있다가 한꺼번에 발작으로 나타나는 경우가 있습니다. 생리적, 생물학적으로는 감각 인지의 착오나 호흡 관련 생리 기관의 이상으로 인해 호흡이 멈추거나 과호흡을 하는 오류가 발생할 수 있습니다. 신체적인 오류와 정신적인 불쾌감이 혼동되어 공황장애가 발생하는 것입니다.

공황장애의 치료

공황장애가 우울증과 다른 점은 신체적 증상이 명확하게 나타난다는 것입니다. 우울증은 신체적 증상이 약간 부정적이거나 에너지가 떨어지는 정도지만, 공황장애는 몸을 부르르 떨고, 숨이 멎을 것 같으며, 토할 것 같은 강렬한 신체적 증상이 나타납니다. 한기나 열기를 느끼며, 땀이 나지 않아도 땀을 닦는 등의 증상이 있습니다. 이러한 신체적 증상과 함께 자신이 현실에서 분리된 느낌, 즉 이인증 증상도 나타납니다.

공황장애가 의심된다면 즉시 심리치료나 정신과의 도움을 받는 것이 중요합니다. 공황장애 치료에는 약물치료가 선행됩니다. 의사는 주로 항우울제와 항불안제를 처방하며, 증상을 꾸준히 관찰합니다. 약물치료와 함께 심리치료도 병행해야 재발을 방지할 수 있습니다.

약물치료에 사용되는 항우울제에는 벤조디아제핀 계통의 약물, 삼환계 항우울제, 세로토닌 재흡수 억제제가 포함됩니다. 항우울제 처방이 끝나면 항불안제를 교대로 사용하여 증상을 조절합니다. 심리치료로는 인지행동치료와 NLP 심리치료를 주로 사용합니다. 인지행동치료는 복식호흡 훈련, 불안한 상황에 노출시키는 훈련, 긴장 이완훈련 등을 포함합니다. NLP 심리치료는 행동 과학자인 앤서니 라빈스가 개발한 치료법으로, 공황장애 치료에 효과적이라고 알려져 있습니다.

결론적으로 공황장애는 약물치료와 심리치료를 병행하는 게 가장 빠른 치료방법입니다. 신체적 증상과 심리적 불안을 모두 다루어야 재발을 방지할 수 있습니다. 공황장애가 의심된다면 즉시 심리치료나 정신과의 도움을 받는 것이 중요합니다.

4-9

전환장애 - 히스테리의 다른 말

스트레스가 만든 신체 마비 증상

전환장애라는 용어는 일반인들에게 생소할 수 있지만, 실제로는 많은 사람이 고통받고 있는 장애 중 하나입니다. 이는 깊은 심리적 갈등이나 스트레스가 신체적 증상으로 나타나는 정신장애입니다. 이러한 신체 증상은 실제로 신체적 질병에서 기인한 것이 아니며, 심리적인 원인에 의해 발생합니다. 전환장애는 주로 마비, 감각 이상, 언어 장애 등의 형태로 나타납니다. 이는 일반적인 신체 질환과는 달리, 심리적인 원인이 크게 작용하는 특징이 있습니다. 예를 들어, 갑작스러운 팔, 다리의 마비나 말을 더듬거나 아예 못 하게 되는 등의 증상이 나타날 수 있습니다.

전환장애는 과거에 '히스테리'라고 불렸습니다. 1970년대와 80년대에 주로 사용되던 이 용어는 오늘날 '전환장애'로 대체되었습니다. 정신분석학의 창시자인 프로이드는 히스테리를 연구하면서 현대 정신의학의 기초를 다졌습니다. 따라서 전환장애는 약 100년 이상의 역사를 가진 오래된 정신장애로 볼 수 있습니다.

전환장애의 원인에 대해서는 여러 가지 이론이 있습니다. 정신분석학적 원인 즉, 프로이드는 전환장애의 원인을 무의식적인 심리적 갈등에서 찾았습니다. 무의식 속의 갈등이 신체적 증상으로 전환된다고 보았으며, 이는 심리적 고통을 직접 표현하지 않고 신체적 증상으로 우회적으로 나타내는 것입니다. 행동주의 심리학에서는 정서적인 충격적 사건이 전환장애의 원인이라고 봅니다. 심리적인 충격이 신체적 증상으로 나타나는 것입니다.

전환장애는 다양한 형태의 신체적 증상으로 발현될 수 있습니다. 예컨대, 팔과 다리의 운동 기능이 갑작스럽게 마비되거나, 감각 기능이 비정상적으로 변하거나 상실되는 경우가 있습니다. 언어 능력에 영향을 미쳐 말을 더듬거나 전혀 말을 하지 못하게 되는 사례도 보고됩니다. 또한, 일시적인 시력 저하나 시야의 흐려짐과 같은 증상도 포함될 수 있습니다. 이러한 현상들은 심리적 요인에서 기인하며, 신체적 질병과는 명확히 구별됩니다. 가령, 가족이나 가까운 이가 중대한 질병에 걸렸을 때, 그와 유사한 증상이 심리적으로

나타나는 경우도 있습니다

전환장애는 재발할 수 있다

　전환장애는 비교적 빠르게 나타났다 사라지는 경향이 있습니다. 입원 환자의 경우 약 2주일 정도면 증상이 완화되는 경우가 많습니다. 그러나 완치된 후에도 1년 이내에 20-30%의 환자가 재발합니다. 심리치료는 전환장애 치료에 있어서 매우 효과적인 방법으로 알려져 있습니다. 인지행동치료(CBT)와 NLP 심리치료의 스위시 기법 등이 사용됩니다. 인지행동치료는 충격적 사건의 기억을 다루고 부정적인 감정을 해소하는 데 중점을 둡니다. NLP 심리치료는 스위시 기법 등으로 부정적인 감정을 털어내는 작업을 합니다. 심한 경우 약물치료를 병행합니다. 벤조디아제핀 계통의 약물이 주로 사용됩니다. 그러나 근본적인 치료는 심리치료를 통해 이루어지는 경우가 많습니다.

　전환장애는 심리적 갈등이 신체적 증상으로 나타나는 정신장애로, 심리치료를 통해 효과적으로 치료할 수 있습니다. 초기 증상이 나타나면 빠르게 정신의학과를 방문하여 적절한 진단과 치료를 받는 것이 중요합니다. 전환장애는 빠르게 나타났다가 빠르게 완화될 수 있으며, 적절한 치료를 받으면 재발 가능성을 줄일 수 있습니다. 심리적인 원인을 이해하고 다루는 것이 중요한 이 정신장애는 현대 의학과 심리학의 발전으로 많은 환자가 효과적인 치료를 받고 있습니다.

5-1 깊은 상처가 주는 스트레스 PTSD

5-2 해리성 정체감 장애 - 내 안에 다른 사람이 있습니다

5-3 해리성 기억상실증 - 사라진 기억

5-4 조현병 - 내 귀에 도청장치

5-5 품행장애 - 사회 문제가 될 수 있습니다

5-6 반사회적 인격장애 - 개인이 아닌 사회적 문제

5-7 치매 - 추억이 사라집니다

5-8 신경인지장애 - 독립적인 생활이 불가능

5장

마음의 상처 -
깊은 마음의 병을 만들다

5-1

깊은 상처가 주는 스트레스 PTSD

충격이 주는 스트레스

외상후 스트레스 장애, 흔히 PTSD(Post-Traumatic Stress Disorder)라고 불리는 정신장애는 트라우마를 겪은 후 발생하는 심각한 정신적 문제입니다. 이를 설명하는 '외상'이라는 말이 특히 눈에 띄고 인상 깊게 들릴 것입니다. 흔히 '트라우마'라고도 하는 외상은 외부로부터의 충격적인 사건으로 인해 내 마음에 깊이 박힌 심리적 상처를 의미합니다. 외상후 스트레스 장애는 이러한 트라우마를 겪은 후 사회적 및 인간관계에서 심각한 부적응 현상이 나타나는 정신병리 현상입니다. 오늘날 예기치 못한 사건들이 자주 발생함에 따라 외상후 스트레스 장애의 중요성은 더욱 커지고 있습니다.

외상후 스트레스 장애는 자연재해, 범죄 행위로 인한 죽음, 심각한 상해 및 폭력, 성폭력 등 다양한 충격적인 사건들로 인해 발생할 수 있습니다. 예를 들어, 2011년 동일본 대지진과 쓰나미로 2만 명 이상이 목숨을 잃은 사건, 1990년대 삼풍백화점 붕괴 사건와 성수대교 붕괴 사건 등이 있습니다. 국제적으로는 미국의 9.11 테러 사건 등이 대표적입니다. 이러한 충격적인 사건들은 사람의 심리 장애뿐만 아니라 일상생활에 엄청난 정신적 충격을 주어 신체적인 변화와 평생에 걸쳐 심리적 고통을 겪게 합니다.

외상후 스트레스 장애의 네 가지 증상

외상후 스트레스 장애의 주요 증상은 네 가지로 나눌 수 있습니다. 그 중 두드러진 증상은 침투증상과 회피 반응입니다. 먼저, 침투증상은 충격적인 사건의 상황이나 감정, 공포나 충격이 자꾸 재경험 되는 현상입니다. 예를 들어, 사건을 잊으려 해도 약간의 외부 자극에도 계속 그 상황이 떠오르고 숨이 막히거나 쓰러질 것 같은 느낌을 받습니다. 이는 일상생활에 엄청난 장애가 됩니다. 두 번째로 회피 반응은 충격적인 사건과 관련된 영상, 그림, 단어나 상황 설명을 피하게 되는 현상입니다. 이는 인간관계에 문제를 일으키며, 인지구조와 감정구조의 변화를 초래합니다. 과거에 충격적으로 받아들였던 사건들이 반복적으로 재경험 되면서 마음과 몸의 고통이 심해지고, 염세적이거나 부정적인 감정으로 변화됩니다. 이러한 회피 반응은 우울증 등의 증상을 동반할 수 있습니다. 세 번째 증상은 감정이 예민해지는 것입니다. 충격적인 사건과 유사한 언어나 글, 이야기가 전달되면 신경이 예민해져 짜증, 분노 폭발, 폭력적인 행동을 합니다. 이러한 예민한 감정이 1개월 이상 계속되면 외상후 스트레스 장애를 의심해볼 필요가 있습니다. 네 번째 증상은 부정적 인지와 감정 변화입니다. 충격적인 사건의 모습과 감정이 꿈에 나타나 지속해서 악몽을 꿀 수 있습니다. 이는 상당히 심각한 정신장애로, 통계적으로 보면 사건을 경험한 후 몇 년 후에 재발하기도 합니다.

주변 사람들의 협조와 지지가 중요

외상후 스트레스 장애는 모든 연령대에서 누구에게나 일어날 수 있습니다. 미국 정신의학회에서 제시한 DSM-5 기준으로 6세 이상의 어린이부터 성인까지 진단할 수 있습니다. 6세 미만 아동은 별도의 기준이 있습니다. 6세 미만 아이들은 사물에 대한 판단력이 미흡하여 침투나 회피 반응이 별로 없지만, 충격적인 내용을 놀이를 통해 표현하거나 신체적인 반응을 통해 나타납니다. 외상후 스트레스 장애는 충격적인 사건이 발생한 지 3개월 이내에 발병하는 경우가 많으며, 증상이 1개월 이상 지속됩니다. 때로는 몇 달에서 몇 년까지 이어질 수 있습니다.

같은 사건을 경험해도 사람마다 PTSD 반응이 다를 수 있습니다. 이는 유전적 요인, 사건의 성격, 개인의 심리적 내구성 등에 따라 다릅니다. 가까운 가족이나 친척에게서 발생한 충격적인 사건은 외상후 스트레스 장애로 발전할 가능성이 큽니다. 예를 들어, 교통사고 같은 충격적인 사건을 경험했을 때, 같은 차에 있던 여러 명 중 일부는 반응이 없지만, 한 사람은 외상후 스트레스 장애를 겪을 수 있습니다.

외상후 스트레스 장애는 약물치료와 심리치료를 병행하는 것이 효과적입니다. 약물치료로는 세로토닌 재흡수 억제제와 삼환계 항우울제를 많이 투여합니다. 심리치료로는 정신역동치료, 인지치료, NLP 심리치료 등이 있습니다. 최근에는 안구운동 둔감화 및 재처리 방법(EMDR)이 효과적인 치료법으로 주목받고 있습니다. 이는 치료자의 손가락을 따라 안구를 움직이며 증상을 완화시키는 방법입니다. 이와 같은 치료법들은 증상을 완화시키고 외상후 스트레스 장애의 치유에 큰 도움을 줍니다.

PTSD는 심각한 정신장애이지만, 꾸준한 약물치료와 심리치료를 통해 극복할 수 있습니다. 가족과 주변 사람들의 협조와 지지가 중요한 역할을 하며, 치료 과정에서 인내심을 갖고 지속적으로 노력하는 것이 중요합니다. PTSD를 극복한 사람들은 내면의 성장을 경험하고, 긍정적인 변화를 이끌어 낼 수 있습니다. 외상후 스트레스 장애에 대한 이해와 치료는 우리 사회가 더욱 건강하게 나아가는 데 필수적입니다.

5-2

해리성 정체감 장애 – 내 안에 다른 사람이 있습니다

내가 모르는 나의 정체

해리성 정체감 장애(Dissociative Identity Disorder, DID)는 최근 들어 정신의학 분야에서 관심을 많이 받는 정신장애 중 하나입니다. DSM-IV에서는 이 장애를 '다중인격장애' 또는 '이중인격장애'로 불렀습니다. 이러한 명칭은 이 장애의 특징을 잘 설명해주고 있습니다. 한 개인이 통합된 하나의 자아를 가져야 하지만, 두 개 이상의 인격이 존재하는 상태를 의미합니다. 이러한 인격의 수는 2개, 4개, 8개 등 다양하며, 때로는 100개 이상의 인격이 나타날 수 있습니다. 이를 전문용어로 '자아분열양상'이라고 합니다.

해리성 정체감 장애를 가진 사람들은 자신의 행동하는 것을 인식하지 못하고, 마치 다른 사람을 관찰하듯이 자신을 바라봅니다. 이러한 경험은 당사자에게 큰 충격을 주며, 종종 빙의 현상이나 기억상실을 동반하기도 합니다. 이 장애에서 기억상실은 일반적인 망각과 구별됩니다. 고통스러운 기억만 선택적으로 상실되는 특징을 지닙니다. 이는 과거의 신체적, 성적 학대나 폭력 등 극심한 충격에 대한 심리적 방어기제로 작용합니다. 해리성 정체감 장애를 겪는 사람들은 자신이 어떤 행동을 했는지 기억하지 못하거나, 부분적으로만 기억하는 경우가 많습니다. 이러한 기억상실은 단순히 나이가 들어서 깜빡깜빡 잊어버리는 것과는 차원이 다릅니다.

   빙의는 자신의 감정이나 생각, 행동을 스스로 지배하지 못하고 외부의 절대적인 힘에 의해 지배되는 현상을 말합니다. 이는 귀신이 들렸다거나 귀신의 소리가 들린다는 등의 표현으로 나타나며, 이러한 현상은 공포심을 동반합니다. 빙의 현상은 자신이 아닌 다른 인격이 자신의 몸을 지배한다고 느끼는 경험을 포함합니다. 이는 해리성 정체감 장애를 겪는 사람들에게 매우 혼란스럽고 두려운 경험이 될 수 있다. DSM-5 이전의 DSM-IV에서는 이 장애를 '다중인격장애' 또는 '이중인격장애'로 불렀습니다. 이러한 명칭은 이 장애의 특징을 잘 설명해주고 있습니다. 한 개인이 통합된 하나의 자아를 가져야 함에도 불구하고, 두 개 이상의 인격이 존재하는 상태를 의미합니다. 이러한 인격의 수는 2개, 4개, 8개 등 다양하며, 때로는 100개 이상의 인격이 나타날 수 있습니다. 이를 전문용어로 '자아분열양상'이라고 합니다.

해리성 정체감 장애를 가진 사람들은 자신의 행동을 주관적으로 인식하지 못하고, 마치 다른 사람을 관찰하듯이 자신을 바라봅니다. 이러한 경험은 당사자에게 큰 충격을 주며, 때로는 빙의 현상이나 기억상실을 동반하기도 합니다. 해리성 정체감 장애에서 나타나는 기억상실은 일반적인 망각과는 다릅니다. 특정한 고통스러운 기억만 선택적으로 상실되는 현상이 특징적입니다. 이는 과거의 신체적, 성적 학대나 폭력 등 극심한 충격에 대한 심리적 방어기제로 작용합니다. 해리성 정체감 장애를 겪는 사람들은 자신이 어떤 행동을 했는지 기억하지 못하거나, 기억해도 부분적으로만 기억하는 경우가 많습니다. 이러한 기억상실은 단순히 나이가 들어서 깜빡깜빡 잊어버리는 것과는 차원이 다릅니다.

빙의는 외부의 절대적인 힘에 의해 자신의 감정과 생각, 행동이 지배되는 현상을 말합니다. 종종 귀신이 들렸다거나 귀신의 소리가 들린다는 등의 표현으로 나타나며, 이러한 현상은 공포심을 동반합니다. 빙의 현상은 자신이 아닌 다른 인격이 자신의 몸을 지배한다고 느끼는 경험을 포함합니다. 이는 해리성 정체감 장애를 겪는 사람들에게 매우 혼란스럽고 두려운 경험이 될 수 있습니다.

어릴 적 충격이 만든 또다른 인격

해리성 정체감 장애의 주된 원인은 어린 시절의 신체적, 정신적 충격이나 성적 학대입니다. 특히 5세 이전에 이러한 충격을 받는 경우, 외부로부터의 충격을 견디기 위해 다중인격이 형성될 가능성이 높습니다. 주로 30~40대에 주로 발생하며, 노년기에는 드물게 발생합니다. 이러한 충격은 개인이 감당하기 어려운 수준의 심리적 고통을 초래하며, 이를 방어하기 위해 자아를 분열하는 것입니다.

해리성 정체감 장애의 치료는 주로 심리치료에 집중합니다. 약물치료보다는 상실된 기억과 감정을 회복하는 정신치료가 더 효과적입니다. 정신분석적 치료 기법인 자유연상과 꿈 해석 등을 통해 무의식에 접근하고, 상실된 기억을 회복합니다. 신체적 증상을 둔감시키기 위해 행동치료가 병행될 수 있습니다.

해리성 정체감 장애는 특정한 고통과 관련된 부분으로 지속적인 증상으로 나타나며, 빠른 치료가 중요합니다. 1개월 이상, 최대 1년 가까이 계속되는 증상이 있다면, 신속하게 정신의학과를 방문하여 진료를 받는 것이 필요합니다. 조기 치료를 통해 치료 기간을 단축하고, 보다 안정적인 삶을 유지할 수 있습니다.

5-3

해리성 기억상실증 – 사라진 기억

살아남기 위해 지워야 하는 기억

DSM-5(정신질환 진단 및 통계 편람 제5판)에서는 해리 증상을 여러 하위 증상으로 구분합니다. '해리성정체감 장애(Dissociative Identity Disorder)', '해리성 기억상실증 (Dissociative Amnesia)', '해리성 이인성 장애(Depersonalization/Derealization Disorder)'는 모두 해리 증상입니다. 이 해리 증상은 한 사람의 마음속에 여러 인격이 존재하면서 나타나는 증상들입니다. 여기서는 해리성 기억상실증에 대해 자세히 살펴보고자 합니다.

해리성 기억상실증은 해리성 정체감 장애와 많은 유사점을 공유하지만, 주요 차이점은 특정 충격적인 사건이나 중요한 사건에 대한 기억이 선택적으로 상실된다는 점입니다. 이러한 사건에는 자살 시도, 성폭력, 화산을 포함한 천재지변 등 자아가 용납할 수 없고 수용하기 어려운 큰 충격들이 포함됩니다. 이러한 충격을 견디기 위해 우리 몸은 자동으로 방어기제를 작동합니다. 즉, 이러한 사건을 기억하지 않음으로써 살아남기 위한 생리적인 반응이 해리성 기억상실증의 핵심입니다.

정신치료가 우선

해리성 기억상실증은 방어기제가 정상적인 수준을 넘어 비정상적으로 크게 나타납니다. 이 장애를 겪는 사람들은 학습 능력이나 일상적인 기억은 정상이지만, 괴로운 추억이나 충격적인 사건만 선택적으로 기억하지 못합니다. 치매에서 나타나는 방향 상실이나 집을 찾지 못하는 기억상실과는 다르고 단순한 건망증이나 망각증과도 차별화됩니다. 이와 관련하여 플래시백 증상이 나타날 수 있습니다. 플래시백은 과거의 트라우마를 재경험하는 현상입니다. 이는 외상후스트레스장애(PTSD)와 유사한 증상으로, 발작 형태로 나타나기도 합니다. 불안장애, 우울장애와 같은 다른 정신질환과 함께 나타날 수 있습니다. 개인에 따라 다양한 형태로 발현됩니다. 해리성 기억상실증은 주로 30~40대의 젊은 층에서 발병하며, 노년층에서는 발생 비율이 낮습니다.

이 장애를 겪는 사람들은 내면의 혼란과 억압된 감정을 표출하는 경향이 있으며, 이는 수치심, 분노, 배신감 등의 감정을 느낄 수 있습니다. 이러한 감정은 자살 시도, 자해 행동, 폭력적인 행동으로 이어질 수 있기에, 가족은 이를 예견하고 신중하게 대처해야 합니다. 해리성 기억상실증은 급성 장애로, 갑자기 나타났다가 갑자기 사라지는 경우가 많습니다. 이는 뇌 기능 손상으로 인한 기억상실과는 차별됩니다.

해리성 기억상실증에 약물치료는 증상을 악화시킬 수 있으며, 효과적인 보고도 거의 없습니다. 주된 치료방법은 정신분석적 정신치료입니다. 집단정신치료를 통해 상실된 기억과 억압된 감정을 회복하는 것이 중요합니다. 또한, 플래시백 같은 외상후스트레스장애를 치료하기 위해 행동 치료를 병행할 수 있습니다.

5-4

조현병 – 내 귀에 도청장치

존재하지 않는게 보인다면

조현병은 과거 '정신분열증'으로 알려진 정신질환으로 2011년 신경정신의학회에서 공식적으로 명칭이 변경되었습니다. 많은 사람이 그 이름만 들어도 낯설지 않은 병일 것입니다. 조현병은 명확한 특이 증상들이 있으며, 이를 즉각적으로 인지하고 적시에 전문적인 진단과 치료를 받는 것이 중요합니다.

조현병의 주요 증상은 크게 세 가지로 구분할 수 있습니다. 첫째는 '망상', 둘째는 '환각'이며, 셋째는 '와해된 언어'입니다. 이 세 가지 증상이 한 달 이상 검증되고, 6개월 이상 계속될 경우, 조현병을 의심할 수 있으며, 즉시 정신과 전문의의 진단을 받는 것이 좋습니다.

　망상은 비현실적이고 잘못된 믿음이나 강한 신념을 말합니다. 조현병에서 망상은 다양합니다. 대표적으로 피해망상, 과대망상, 관계망상, 애정망상이 있습니다. 피해망상은 사람들이 자신을 해치려고 하거나, 의심하고 나쁘게 하려고 한다고 믿는 것입니다. 과대망상은 자신을 전지전능한 존재로 여기거나, 초능력을 가지고 있다고 믿는 것입니다. 관계망상은 TV나 주변의 사건이 자신과 직접 연관되어 있다고 믿는 것이고, 애정망상은 특정 인물이나 연예인 등이 자신을 사랑한다고 믿는 것입니다.

　환각은 외부 자극이 없음에도 불구하고 실제로 존재하지 않는 자극을 느끼는 감각적 왜곡 현상입니다. 조현병에서 나타나는 환각에는 '환청', '환시', '환후' 등이 있습니다. 환청은 아무도 없는데 목소리가 들리고, 환시는 실제로 존재하지 않는 것이 보이고, 환후는 존재하지 않는 냄새를 맡는 것입니다.

　와해된 언어는 생각이나 질문과 답변이 비논리적으로 횡설수설하거나 주제에서 벗어나 무슨 말을 하는지 상대방이 이해하기 어려운 상태입니다. 예를 들어, "내가 대동강을 샀다."라고 하거나 "내가 하늘에 있는 우주선을 끌고 왔다." 등의 비현실적인 이야기를 합니다.

조현병의 증상은 크게 양성 증상과 음성 증상으로 나뉩니다. 양성 증상은 행동으로 나타나며, 약물치료에 비교적 잘 반응합니다. 망상, 환각, 와해된 언어가 여기에 해당합니다. 반면, 음성 증상은 겉으로 잘 드러나지 않습니다. 무언증, 무감각증, 감정적 둔마 등을 포함하며, 세상에 대한 흥미가 없고 감정이 둔해집니다. 약물치료에 잘 반응하지 않습니다.

왜 생길까?

조현병의 원인은 생물학적, 환경적, 심리적 요소가 복합적으로 작용합니다. 생물학적 요소에는 유전적 요인과 신경전달물질의 결함이 있습니다. 특히, 유전적 요인이 큰 역할을 한다는 연구 결과가 있습니다. 부모 모두 조현병일 경우 자녀의 발병률이 높습니다. 뇌의 신경전달물질, 특히 세로토닌과 도파민의 과다 분비도 원인이 될 수 있습니다. 환경적 요인에는 부모의 양육 태도와 가정 내 갈등이 영향을 미칩니다.

조현병의 치료는 주로 약물치료를 통해 이루어집니다. 약물치료는 환자의 비정상적인 행동을 경감시켜 줍니다. 또한, 환자의 불안감을 완화하기 위한 체계적 둔감법과 같은 행동 치료를 보조적으로 사용할 수 있습니다. 가족의 지지와 공감은 치료 과정에서 매우 중요한 역할을 합니다. 환자의 언어나 행동을 보고, 공감과 신뢰를 통해 스트레스를 줄이는 것이 중요합니다. 예방적인 차원에서 부모는 자녀와의 대화에서 이중적인 언어를 피하고, 일관된 메시지를 전달하여 스트레스를 방지해야 합니다. 또한, 가족 간의 갈등을 최소화하고 긍정적이고 솔직한 대화를 통해 자녀의 정신 건강을 돕는 것이 필요합니다. 조현병 환자는 가족의 인내심과 지원이 매우 중요합니다. 인내심을 발휘하는 만큼 증상도 완화될 수 있습니다. 조현병에 대한 올바른 이해와 접근을 통해 환자와 가족 모두가 화목한 분위기를 되찾을 수 있기를 바랍니다.

5-5

품행장애 -
사회 문제가 될 수 있습니다

모든 건 환경 탓

품행장애는 아이들이 사회규범과 규칙을 계속하여 무시하거나 거부하는 정신장애입니다. 이러한 행위는 단순한 반항이나 문제 행동을 넘어, 지속적이고 체계적인 방식으로 나타나며, 다양한 반사회적 행동을 포함합니다. 품행장애는 적대적 반항 장애보다 훨씬 더 심각한 상태로 보며, 적절한 치료가 이루어지지 않으면 장기적으로 개인과 사회에 큰 문제를 야기할 수 있습니다.

품행 장애는 여러 가지 특징적인 행동 양상을 보입니다. 품행 장애를 가진 아이들은 타인과 동물에 대한 공격적인 행동을 하는 경향이 있습니다. 예를 들어, 동급생을 괴롭히거나 행인을 폭행하는 등의 행동이 나타날 수 있습니다. 또한, 동물을 학대하거나 죽이는 등 잔인한 행동도 나타날 수 있습니다. 이러한 아이들은 종종 절도나 사기 행각을 벌입니다. 이는 단순히 물건을 훔치는 것을 넘어, 계획적이고 체계적인 방식으로 타인의 재산을 빼앗거나 속이는 행동을 포함합니다. 또한, 어린 나이에 술을 마시고 담배를 피우는 것뿐만 아니라, 본드 같은 약물을 남용하기도 합니다.

이는 단순한 호기심을 넘어서, 심각한 약물 중독으로 이어질 수 있습니다. 품행장애를 가진 아이들은 자신의 행동을 반성하지 않습니다. 오히려 자신의 문제 행동을 타인이나 외부 환경의 탓으로 돌리며, 책임을 회피하는 경향이 있습니다. 또한, 가출하거나 학교에 결석하는 경우가 많고, 가정이나 학교에서의 불만과 불안으로 인해 나타날 수 있으며, 사회적 규범을 무시하는 행동의 일환으로 볼 수 있습니다.

심각성 인식 필요

보통 사춘기 초기, 즉 남자 아이들의 경우 10세에서 12세, 여자 아이들은 14세에서 16세 사이에 발병합니다. 이 시기는 아이들이 신체적, 정신적으로 큰 변화를 겪는 시기이므로, 품행장애의 징후를 조기에 발견하고 적절한 조치를 취하는 것이 중요합니다.

품행장애의 주원인은 폭력적이거나 무관심한 가정, 부모의 알코올 중독이나 약물 남용 등이 큰 영향을 미칩니다. 부모의 무관심이나 방임, 불안정한 가정환경은 아이들에게 큰 정서적 불안을 초래하며, 반사회적 행동으로 나타날 수 있습니다. 이러한 환경에서 자란 아이들은 부모의 행동을 모방하여 문제 행동을 보일 가능성이 큽니다.

품행 장애를 치료하는 것은 매우 어렵지만, 불가능한 것은 아닙니다. 치료의 핵심은 학교, 가정, 사회가 최대한 협력하여 아이에게 관심을 기울이고 감동을 주는 것입니다. 최근에는 브론펜브루너의 다중체계 이론, 즉 생태학적 접근법이 주목받고 있습니다. 이 이론은 아이의 다양한 사회적 환경, 즉 가정, 학교, 지역 사회가 협력하여 아이의 행동을 치료하는 방식입니다. 가정에서는 부모의 따듯한 마음과 관심을 제공하며, 학교에서는 교사와 상담사들이 맞춤형으로 지원해야 합니다. 사회복지에서는 지역 사회의 역할이 중요한데, 아이에게 긍정적인 영향을 미치고, 안정감을 제공하는 것이 필수입니다.

품행장애는 단순한 상담으로 해결되지 않습니다. 전문적인 심리치료가 필요하며, 이는 개별 치료뿐만 아니라 가족 치료, 그룹 치료 등의 접근을 포함할 수 있습니다. 심리치료는 아이가 자신의 문제 행동의 원인을 이해하고, 긍정적인 행동 패턴을 형성하도록 돕는 과정입니다. 심각한 경우, 정신과에서 약물치료를 병행할 수 있습니다. 특히 공격적인 행동이나 충동성을 조정하는 데 도움이 될 수 있지만, 반드시 전문가의 지시에 따라 신중하게 사용해야 합니다.

품행장애를 예방하기 위해서는 조기 개입이 무엇보다 중요합니다. 적대적 반항장애와 같은 초기 징후를 인식하고, 적극적으로 치료에 나선다면 품행장애로의 진행을 예방할 수 있습니다. 이를 위해 가정과 학교, 사회가 협력하여 아이에게 안정적이고 지지적인 환경을 제공하는 것이 필수적입니다. 품행장애는 복잡하고 어려운 장애이지만, 적절한 치료와 지원이 있다면 극복할 가능성이 충분히 있습니다.

5-6

반사회적 인격장애 – 개인이 아닌 사회적 문제

사회 전체에 심각한 영향

반사회성 성격장애(Antisocial Personality Disorder, ASPD)는 현대 사회에서 주목받는 성격장애 중 하나입니다. 특히 뉴스 헤드라인에서 빈번히 등장하는 범죄 행위나 사회적 문제를 일으키는 사람들의 성향을 설명할 때 많이 사용됩니다. 그러나 반사회성 장애가 무엇인지 이해하기 위해, 어떤 성향을 지닌 사람들에게 해당하는지, 그리고 그들이 왜 그런 행동을 보이는지에 대해 깊이 있는 이해가 필요합니다. 반사회성 성격장애는 단순히 개인의 문제로 끝나는 것이 아니라, 사회 전체에 심각한 영향을 미칠 수 있는 성격장애입니다.

반사회성 성격장애를 가진 사람들이 가진 여러 성향 중, 가장 두드러지는 것은 극단적인 이기주의와 타인에 대한 무관심입니다. 이들은 자신의 이익과 쾌락을 위해 수단과 방법을 가리지 않고, 타인에게 해를 끼치는 행동을 할 때 죄책감을 느끼지 않습니다. 자신의 행동이 타인에게 미치는 부정적인 영향을 인식하지 못하며, 심지어 그러한 행동을 정당화하기도 합니다. 이들은 사회적 책임을 전혀 받아들이지 않고, 직장에서 지속적인 직무를 수행하지 못하고, 개인적인 약속이나 법적 의무를 이행하지 않습니다. 이러한 무책임성은 가족 관계에서도 나타나며, 부모로서의 책임을 회피하거나 자녀를 돌보지 않는 등의 행동을 보입니다.

반사회성 성격장애를 가진 사람들은 자신의 잘못을 지적받으면 폭력적으로 대응하는 경향이 있습니다. 이들은 말이나 행동에서 공격성을 드러내며, 육체적 싸움을 즐깁니다. 가정 내에서도 배우자나 자녀에게 폭력을 행사하며, 이에 대해 전혀 죄책감을 느끼지 않습니다. 이러한 특징은 개인적인 관계뿐만 아니라, 사회적 규범과 법을 준수하지 않아서 자주 체포되거나 법적 문제를 일으키는 결과를 초래합니다.

치료도 거부

반사회성 성격장애의 원인은 복합적이며, 유전적, 생물학적, 심리적 요인들이 모두 영향을 미칩니다. 연구에 따르면 일란성 쌍둥이의 경우 55%, 이란성 쌍둥이의 경우 13%의 상관관계를 보입니다. 이는 유전적 요인이 반사회성 성격장애에 중요한 역할을 하는 것을 보여줍니다. 이러한 유전적 요인은 개인의 뇌 구조와 기능에 영향을 미치고, 충동 조절과 감정 조절에 어려움을 겪게 할 수 있습니다. 생물학적 요인으로는 반사회성 성격장애 환자의 약 30%에서 58%가 뇌파 이상을 보였으며, 자율 신경계와 중추신경계의 기능 저하가 보고되었습니다. 이러한 생물학적 이상은 감정 조절과 충동 억제에 중요한 역할을 하는 뇌 부위의 기능 저하와 관련이 있을 수 있습니다.

심리적 요인도 중요한 역할을 합니다. 심리학자들은 어릴 때 어머니와의 신뢰 관계가 깨진 경우, 반사회성 성격장애로 발전할 가능성이 있다고 보고하고 있습니다. 유아기에 어머니와 애착이 제대로 형성되지 않은 경우, 사회적 관계에서 적대감을 드러내며 불신하게 됩니다. 이러한 감정이 반사회적 행동으로 이어질 수 있습니다. 또한, 이러한 아이들은 잘못된 사고방식이나 신념을 형성하여 치료가 어렵습니다. 예를 들어, "강한 자만이 살아남는다." 또는 "남을 속여도 상관없다."라는 사고방식이 반사회적 행동을 정당화하게 만듭니다.

반사회성 성격장애를 가진 사람들은 치료에 대한 의지가 매우 낮고, 치료에 대한 저항이 강합니다. 따라서 치료 방법도 제한적입니다. 주로 심리치료에 의존하는데 대표적으로 인지치료와 행동치료입니다. 인지치료는 반사회성 성격장애를 가진 사람들의 잘못된 사고와 신념을 수정하는 데 중점을 둡니다. 치료자는 환자가 자신의 행동이 타인에게 미치는 영향을 인식하고, 잘못된 사고를 수정하도록 돕습니다. 예를 들어, "타인을 속여도 된다"는 신념을 "정직한 행동이 더 나은 결과를 가져온다"는 신념으로 바꾸는 것이 목표입니다. 행동치료는 부적응 행동을 바람직한 행동으로 수정하는 데 초점을 맞춥니다. 치료자는 환자가 바람직한 행동을 모델로 삼아 반복적으로 연습하도록 돕습니다. 이러한 치료 과정에서 치료자는 중립적인 태도를 유지하며, 비판적이지 않도록 주의해야 합니다. 반사회성 성격장애를 가진 사람들은 공적인 권위에 저항하기 때문에, 치료 과정에서 공격적인 반응을 보일 수 있습니다.

청소년기 부모의 역할 중요

반사회성 성격장애는 청소년 시기에 나타나는 경우가 많으므로, 부모의 역할이 매우 중요합니다. 자녀가 비행 청소년으로 발전하는 것을 막기 위해 빠른 개입이 필요합니다. 또한, 부모 교육을 통해 자녀를 부드럽고 자상하게 양육하는 것이 중요합니다. 거칠고 지배적인 양육 태도는 자녀에게 반항심을 불러일으켜 반사회성 성격장애로 발전할 수 있습니다. 부모는 자녀를 이해하고 존중하는 태도로 양육해야 합니다. 자녀의 감정을 인정하고, 의견을 존중하며, 자녀와의 신뢰 관계를 형성하는 것이 중요합니다.

반사회성 성격장애는 우리 사회의 그늘 속에 숨겨진 문제입니다. 이를 이해하고, 예방하고, 치료하기 위한 노력이 필요합니다. 이 장애를 가진 자신뿐만 아니라 그들의 가족과 사회도 함께 행복할 수 있는 방법을 찾아야 합니다. 그것이 우리가 살아가는 사회를 더 나은 곳으로 만드는 길입니다.

5-7

치매 – 추억이 사라집니다

기억력 저하

현대 사회에서 노인 인구의 비율이 증가함에 따라 노인 정신 건강 문제는 매우 중요한 사회적 이슈로 떠오르고 있습니다. 특히, 치매와 섬망은 많은 가족이 직면하고 있는 대표적인 문제입니다. 이 두 가지 상태를 명확히 이해하고 구분하는 것이 중요합니다. 치매와 섬망은 서로 다른 증상과 원인을 가지고 있으며, 이에 대한 적절한 관리와 치료가 필요합니다.

치매는 단일 질병이 아닌 여러 증상이 복합적으로 나타나는 증후군입니다. 주로 인지기능의 저하를 특징으로 합니다. 기억력 저하, 인격 변화, 현실 검증력 저하 등의 증상을 동반하며, 일상생활에 큰 지장을 줍니다. 이러한 증상들은 다양한 원인에 의해 발생합니다.

　알츠하이머병, 혈관성 치매, 약물 부작용, 알코올 중독, 비타민 결핍 등 치매의 원인은 다양합니다. 기억력 저하는 치매의 가장 두드러진 증상 중 하나입니다. 환자는 일상적인 사건이나 약속을 기억하지 못하거나 같은 말을 반복하는 경향이 있습니다. 이로 인해 가족들은 큰 혼란과 스트레스를 겪습니다. 또한, 치매 환자는 성격 변화와 감정 조절의 어려움을 겪습니다. 이전에는 다정하고 온화하던 사람이 갑자기 화를 잘 내거나 무뚝뚝해지는 등 성격이 변하게 됩니다. 이러한 변화는 환자 자신뿐만 아니라 가족들에게도 큰 충격을 줍니다.

　현실 검증력 저하도 치매의 중요한 증상입니다. 환자는 합리적인 결정을 내리는 능력이 떨어지고, 계획을 세우고 이를 실행하는 능력이 약화 됩니다. 이로 인해 일상생활이 어렵고, 독립적인 생활이 불가능합니다.

섬망, 손발 떨림

　섬망은 급성으로 발생하는 인지장애로, 주로 주의력과 의식 수준의 저하가 특징입니다. 이는 병원 입원 환자나 노인들에게서 흔히 발생하며, 치매와는 다른 독립적인 상태입니다. 섬망 환자는 지남력 장애를 겪으며, 자신이 어디에 있는지, 어떤 시간대에 있는지, 주변 사람들이 누구인지 혼란스러워합니다. 또한, 주의력 저하로 인해 주변 환경에 대한 집중력이 떨어지고, 책을 읽거나 대화를 지속하는 데 어려움을 겪습니다. 각성 저하로 인해 환자는 현재 상황을 명확히 인식하지 못하고, 혼란스러운 반응을 보입니다. 신체적으로도 식은땀, 손발 떨림 등의 증상이 동반될 수 있습니다.

섬망은 여러 가지 원인에 의해 유발될 수 있으며, 급성 질환, 약물, 신체적 또는 정신적 스트레스 등이 주요 원인입니다. 섬망은 단기간에 나타났다가 사라지는 경우가 많으며, 초기에 치료하면 경과가 좋습니다. 그러나 장기화되면 다른 부작용과 복합적인 증상이 나타날 수 있습니다.

조기 진단과 관리 필요

치매와 섬망은 그 증상이 복합적으로 나타날 수 있으며, 혼동되는 경우가 많습니다. 그러나 치매는 주로 기억력 저하와 인격 변화가 중심이며, 섬망은 주의력과 각성 저하가 주된 특징입니다. 이러한 증상을 명확히 구분하고 빠르게 치료를 받는 것이 중요합니다.

치매는 완치가 어려운 질병이지만, 조기 진단과 적절한 관리를 통해 증상의 진행을 늦추고 환자의 삶의 질을 개선할 수 있습니다. 약물치료, 인지 재활, 환경 개선, 심리적 지원 등이 주요 관리 방법입니다. 섬망은 신속한 진단과 치료가 중요한 상태입니다. 원인 치료, 환경적 조치, 약물 사용, 정신적 지지 등이 섬망의 주요 관리 방법입니다.

노인의 정신 건강 문제는 매우 복잡하고 관리하기 어려운 영역입니다. 치매와 섬망은 각각 다른 증상과 원인을 가지고 있지만, 두 상태 모두 환자와 가족에게 큰 부담을 줍니다. 치매는 주로 기억력 저하와 인격 변화를 특징으로 하며, 섬망은 급성으로 발생하는 주의력과 의식 수준의 저하가 특징입니다. 이 두 상태를 명확히 구분하고 적절히 관리하는 것이 중요합니다.

5-8

신경인지장애 - 독립적인 생활이 불가능

뇌 손상에서 비롯

주요 신경인지장애는 우리의 뇌 신경이 손상됨으로써 발생하는 다양한 인지기능의 저하를 포괄하는 용어입니다. 이 장애는 기억력, 판단력, 인간관계에서 인격의 변화 등을 일으키며, 독립적으로 일상생활을 영위할 수 없을 정도로 심각한 상태를 말합니다. 치매와 섬망과 같은 질환이 대표적이며, 이러한 장애가 심화하면 환자는 보호자의 도움 없이 독립적인 생활이 어려워집니다.

신경인지장애는 정상적인 인지활동이 이루어지지 않는 상태를 의미합니다. 정상적인 인지활동은 자신이 누구인지, 현재 상황을 명확히 인식하고 적절하게 대화와 행동을 하는 것입니다. 하지만 신경인지장애가 발생하면 이러한 기능이 저하되거나 손실됩니다. 치매와 섬망 같은 증상도 뇌 손상에서 비롯되며, 신경심리학과 의학계에서는 이를 신경인지장애의 한 유형으로 봅니다.

주요 신경인지장애의 증상은 다양합니다. 첫째, 기억상실입니다. 이는 과거의 일이나 최근의 일을 기억하지 못하는 증상입니다. 그래서 중요한 일정을 놓치거나 반복적인 질문을 하게 됩니다. 둘째, 의식 혼미입니다. 이는 시간과 장소에 대한 인식이 불분명해져 아침과 저녁을 구분하지 못하거나, 현재 자신이 있는 장소를 혼동하는 것입니다. 셋째, 방향감각 상실입니다. 외출 시 방향을 제대로 잡지 못해 길을 잃거나 헤매는 경우가 많습니다. 넷째, 신체적 반응입니다. 손발이 떨리거나 얼굴이 경련하는 등의 신체 증상이 나타나 일상생활에 큰 불편을 초래합니다.

이러한 증상들은 초기에는 미약하지만, 점차 심해지며 주변 사람들도 인지하게 됩니다. 주요 신경인지장애는 정신과 병원에서 표준화된 신경 심리검사를 통해 명확한 진단이 필요합니다. 이는 환자의 상태를 정확하게 평가하고 적절한 치료 계획을 세우는 데 필수적입니다. 주요 신경인지장애는 치매와 섬망의 복합적인 증상이 더욱 심화한 상태로, 독립적인 생활이 불가능합니다. 치매 초기 증상이나 섬망은 때때로 판단력이 돌아오기도 합니다. 그러나 주요 신경인지장애는 판단력이 돌아오지 않으며 시간이 지남에 따라 더 명확하게 비정상적인 상태가 됩니다.

초기 진단과 관리 필요

주요 신경인지장애를 진단하기 위해서는 표준화된 신경 심리검사가 필요합니다. 이를 통해 의사들이 정확히 진단하고 처방을 내릴 수 있습니다. 환자는 외출 시 반드시 보호자가 동행해야 합니다. 방향감각 상실과 사람을 알아보지 못하는 지남력 장애로 인해 혼자 외출할 경우 낯선 곳에서 길을 잃고 헤매다가 위험에 빠지거나 목숨을 잃는 경우도 종종 발생하기에 일상생활에서도 보호자의 도움이 필요합니다. 특히 낙상의 위험이 있으므로 주의해야 합니다. 이러한 질병은 초기에 단기적으로 나타나다가 장기적으로 악화하므로, 치매 증상이나 인격 변화, 기억상실, 주의력 저하 등의 징후가 보이면 즉시 전문가의 도움을 받는 것이 중요합니다.

주요 신경인지장애의 원인은 다양합니다. 대표적으로 알츠하이머병, 파킨슨병, 교통사고 등으로 인한 뇌 손상, 뇌출혈, 중독 등이 있습니다. 알츠하이머병은 기억상실과 인지기능 저하를 유발합니다. 뇌세포가 점차 죽어가면서 뇌의 기능이 쇠퇴하는 것을 말합니다. 파킨슨병은 손발 떨림과 인지기능 저하를 유발합니다. 주로 운동 기능에 영향을 미치지만, 인지기능도 점차 저하됩니다. 교통사고 등으로 인한 심한 뇌 손상은 주요 신경인지장애로 이어질 수 있습니다. 물리적인 충격으로 인해 뇌 기능이 손상될 경우 인지능력에 큰 영향을 미칩니다. 뇌출혈로 인한 뇌 손상도 주요 원인 중 하나입니다. 출혈로 인해 뇌세포가 손상되면 인지능력이 저하됩니다. 마지막으로, 알코올이나 약물 중독 등으로 인한 뇌 손상도 주요 신경인지장애를 유발할 수 있습니다. 이러한 물질들은 뇌세포에 직접적인 손상을 주어 인지기능을 저하합니다.

주요 신경인지장애는 치매와 섬망이 심화한 상태로, 독립적인 생활이 불가능할 정도로 심각한 질병입니다. 초기에 증상을 인지하고 신속히 전문가의 도움을 받아야 하며, 항상 보호자의 도움이 필요합니다. 주요 원인을 이해하고 적절히 대처함으로써 증상을 완화하고 정상 생활에 가까운 상태를 유지할 수 있도록 노력해야 합니다. 주변의 어르신에게 이러한 증상이 나타난다면 즉시 병원을 방문하여 정확한 진단과 치료를 받게 하는 것이 중요합니다. 이는 환자의 삶의 질을 향상하고, 가족들의 부담을 줄이는 데에도 큰 도움이 될 것입니다.

6-1 분리불안장애 - 떨어지는 게 고통스러워요

6-2 질병불안장애 - 건강 염려도 병입니다

6-3 부모의 사랑이 필요한 애착장애

6-4 자폐스펙트럼 - 눈을 맞추지 못한다면

6-5 ADHD - 집중이 어렵다면

6-6 적대적 반항 - 중2병이 아닐수도?

6-7 의존성 성격장애 - "너에게 복종할께."

6-8 연극성 성격장애 - 무대 뒤로 숨다

6-9 경계선 성격장애 - 폭풍 속을 항해하는 배

6-10 중독장애 - "담배를 끊을 때가 됐는데."

6장

내면의 어린 아이 보살피기

6-1

분리불안장애 - 떨어지는 게 고통스러워요

분리가 고통스럽다면

　분리불안 장애는 주로 어린이가 부모와 떨어지는 상황에서 극심한 불안을 느끼는 정서적 상태를 말합니다. 예를 들어, 아이가 유치원이나 학교에 가기 위해 엄마와 헤어질 때 마음의 고통을 느끼는 경우입니다. 어릴 때 엄마와 함께 자다가 깨어났을 때 엄마가 없으면 무섭고 화가 났던 경험이 있을 것입니다. 대부분의 경우 이런 경험은 며칠 후 자연스럽게 사라지지만, 3개월에서 6개월 이상 계속된다면 이는 정신장애로 분류될 수 있습니다. 분리불안 장애는 아동과 청소년의 경우 한 달 이상, 성인의 경우 6개월 이상 지속되는 증상이 세 가지 이상 나타날 때 진단됩니다.

분리불안 장애는 단순한 불안이 아니라 극심한 공포를 동반합니다. 이때 아이는 떨림, 메스꺼움, 구토 등의 신체 증상을 보일 수 있으며, 울부짖거나 소리쳐 주변을 놀라게 하는 경우도 많습니다. 성인에서도 유사한 증상이 나타날 수 있습니다. 직장이나 학교가 집에서 멀리 떨어져 있을 경우, 이로 인해 극심한 정신적 고통을 느낀다면 분리불안 장애를 의심할 수 있습니다.

특히 아이가 집에 혼자 있거나 부모와 떨어져 하룻밤을 지내야 할 때, 공포와 거부감으로 인해 밤새 울거나 신체적 고통을 호소한다면, 이는 분리불안 장애의 가능성을 시사합니다. 성인의 경우에도 부모와 친밀하게 지내다 갑작스럽게 먼 곳으로 출장을 가야 할 때 강렬한 정서적 고통과 신체적 거부 반응이 나타난다면 이를 분리불안 장애로 볼 수 있습니다. 단, 이런 증상이 일시적이라면 정신장애로 간주하지 않습니다. 증상의 지속성과 빈도에 따라 분리불안 장애인지 판단해야 합니다.

분리불안장애의 출발은

분리불안 장애는 복합적인 원인에 의해 발생합니다. 유전적 기질, 아동의 정서 상태, 부모의 양육 방식 등이 주요 원인으로 작용합니다. 특히 부모의 부적절한 양육 행동이 가장 큰 원인으로 지적됩니다. 예를 들어, 부모가 장기간 외지에 나가면서 아이를 안심시키기 위해 반복적으로 거짓말을 한다면, 이는 아이에게 부모에 대한 신뢰를 떨어뜨릴 수 있습니다. 부모가 자신을 버렸다는 두려움이 분리불안 장애로 이어질 가능성이 높아지는 것입니다.

또한, 실제로 일어나지 않은 일을 상상하거나 악몽을 꾸는 것도 주요 증상 중 하나입니다. 예를 들어, 부모가 심각한 질병에 걸리거나 사고로 사망하는 불길한 상상을 반복하며 고통을 느낀다면 분리불안 장애로 볼 수 있습니다. 부모와 억지로 헤어지는 악몽이 지속된다면 잠재적으로 분리불안 장애 요소를 지니고 있을 가능성이 있습니다.

정확한 진단은 정신의학과 전문의가 내리는 것이 중요합니다. 하지만 분리불안 장애의 특징 중 몇 가지가 해당한다고 생각되면 정신과를 방문해 치료를 받는 것이 좋습니다. 분리불안 장애는 약물치료보다는 심리치료가 효과적이라고 알려져 있습니다.

인지행동치료는 비합리적인 사고를 합리적으로 바꾸어주는 치료법으로, 분리불안 장애에 효과적입니다. 아이가 가지고 있는 잘못된 믿음이나 두려움을 긍정적으로 변화시키는 데 도움을 줍니다. 어린 아동의 경우 놀이치료가 효과적입니다. 놀이를 통해 아이의 감정을 표현하게 하고, 이를 기반으로 불안을 완화하는 치료법입니다. NLP(Neuro-Linguistic Programming) 심리치료와 같은 통합 심리치료 역시 효과가 입증된 방법입니다. 이러한 치료법은 심리적 요인을 중점적으로 다루며 부모의 양육 행동 개선을 포함한 종합적인 접근 방식을 사용합니다.

s분리불안 장애는 심리적 요소가 매우 크며, 부모의 양육 행동과

밀접하게 연관되어 있습니다. 따라서 전문적인 심리치료를 통해 문제를 해결하고 아이의 정서적 안정을 도울 수 있습니다.

6-2

질병불안장애 – 건강 염려도 병입니다

나는 아픈데 사람들은 아프지 않다고 합니다

질병불안장애(Health Anxiety Disorder)는 과거 '건강염려증'으로 불리던 정신장애로, DSM-5(정신질환의 진단 및 통계 매뉴얼)에서 '질병불안장애'로 명칭이 변경되었습니다. 이는 실제로 심각한 질병이 없음에도 자신에게 중대한 질병이 있을 것이라는 과도한 집착과 공포를 느끼는 상태를 의미합니다. 이 장애는 환자와 주변 사람들에게 심각한 영향을 미치며, 적절한 이해와 대처가 필요합니다.

'건강염려증'이라는 용어는 현대에 와서 '질병불안장애'로 바뀌었으며, 이는 사회적 편견과 낙인을 줄이기 위한 노력의 일환입니다. 마치 '정신분열증'이라는 용어가 '조현병'으로 변경된 것처럼,

용어의 변화는 질병에 대한 이해를 높이고 환자에게 더 나은 환경을 제공하기 위한 중요한 단계입니다. '조현병'이라는 이름은 거문고 줄을 조율하는 과정에서 착안되었으며, 환자의 상태를 적절히 조정해 건강한 삶을 지원하자는 의미를 담고 있습니다.

질병불안장애는 크게 두 가지 형태로 나타납니다

첫 번째는 '진료추구형'입니다. 이 유형의 환자는 신체적 이상이 없음에도 끊임없이 병원을 방문하며, 자신이 질병을 앓고 있다는 확신으로 검사와 진단을 요구합니다. 원인을 찾아내기 위해 끝없이 노력하며, 의학적 설명에도 불구하고 불안을 해소하지 못합니다.

두 번째는 '진료회피형'입니다. '진로추구형'과 반대로, 이 유형의 환자는 자신에게 병이 없다고 주장하며 병원을 방문하지 않으려 합니다. 가족이나 지인의 권유에도 불구하고 진료를 거부하며, 병원과 의사에 대한 불신이 강하게 나타납니다.

질병불안장애 환자들은 가벼운 신체 이상도 중대한 질병으로 인식합니다. 예를 들어, 단순한 소화불량을 위암으로 착각하며 극심한 공포를 느끼기도 합니다. 일부 심리학자들은 이를 성격장애로 보지만, DSM-5와 우리나라 정신의학회에서는 이를 정신장애로 분류합니다. 이 장애의 원인은 주로 심리적 요인에서 비롯됩니다. 성장 과정에서 받은 정서적 상처, 버림받은 경험, 사랑받지 못한 마음 등이 원인이 될 수 있습니다. 자존감이 낮은 환자들은 신체 증상을 통해 위로받으려는 심리적 경향을 보이며, 이는 과도한 건강 염려로 이어질 수 있습니다.

괜찮다는 말을 믿어야 합니다

질병불안장애 환자들은 "질병이 없습니다"라는 의사의 말을 믿지 못하며, 계속해서 자신의 상태를 의심합니다. 이로 인해 의료진 역시 어려움을 겪게 됩니다. 이러한 상태를 치료하기 위해 심리치료가 효과적인데 주로 '인지치료'나 'NLP 심리치료'를 활용합니다.

인지치료는 잘못된 신념을 교정하고 긍정적인 사고로 전환하는 데 효과적입니다. 환자가 왜곡된 생각의 방향을 바꾸고, 건강한 신념을 무의식에 심어주는 데 중점을 둡니다. NLP(Neuro-Linguistic Programming) 심리치료는 환자의 심리적 패턴을 분석하고, 이를 긍정적으로 재구성하여 불안을 완화하는 데 도움을 줍니다. 증상이 심할 경우, 심리치료와 함께 약물치료를 병행할 수 있습니다. 그러나 대부분의 경우 심리치료가 주요 치료법으로 권장됩니다.

질병불안장애는 전 연령대에서 나타날 수 있으며, 남녀 모두 비슷한 빈도로 발생합니다. 우리나라에서는 중년 이후 연령층에서 과잉진료나 진료회피가 더 빈번한 반면, 서구 국가에서는 청년층에서도 흔히 나타납니다. 이는 각 문화권의 사회적, 심리적 요인들이 신체에 대한 집착으로 나타나는 방식을 반영합니다.

질병불안장애는 과도한 건강염려로 인해 일상생활에 큰 지장을 초래할 수 있습니다. 이를 극복하기 위해서는 잘못된 신념을 교정하고, 심리치료와 지지를 통해 건강한 삶을 영위할 수 있도록 노력해야 합니다. 조기 치료와 가족 및 주변의 지지는 환자의 회복에 중요한 역할을 합니다. 꾸준한 치료와 관리로 질병불안장애를 극복하고, 더 나은 삶을 살아갈 수 있도록 지원해야 합니다.

6-3

부모의 사랑이 필요한 애착장애

불완전 애착

반응성 애착장애(reactive attachment disorder)는 생소하게 들릴 수 있지만, 생후 9개월부터 만 5세 이전의 어린이들에게 주로 나타나는 정신장애입니다. 이는 어린 시절 애착의 불완전함으로 인해 발생하며, 이후 아이의 성격 형성뿐만 아니라 성인이 되어 결혼 생활, 사회생활, 직업생활에까지 문제를 일으킬 수 있는 중요한 장애입니다.

반응성 애착장애는 주로 '애착 외상'이라는 심리적 충격으로 발생합니다. 이 외상은 부모, 특히 어머니로부터 충분한 애정과 관심을 받지 못하거나, 애착을 통해 사랑과 위로를 경험하지 못했을 때 생깁니다. 예를 들어, 부모가 아이에게 애정과 관심을 충분히 쏟지 못하고 방임하거나, 아이의 반응을 무시하면 애착 외상이 발생할 가능성이 높아집니다. 반복적으로 이런 상황이 이어지면 결국 반응성 애착장애라는 정신장애로 이어질 수 있습니다. '반응성 애착장애'는 처음 들어보는 사람이 많겠지만, 생후 9개월부터 만 5세 이전의 어린이에게 주로 나타나는 정신장애입니다. 어린 시절 애착이 불완전해서 발생하며, 이후 아이의 성격 형성뿐만 아니라, 성인이 되어 결혼 생활이나 사회생활, 직장생활에도 문제를 일으킬 수 있어 중요합니다.

부모가 주는 혼란 상황

애착 외상은 주로 혼란스러운 가정 환경에서 발생합니다. 대표적인 원인 중 하나는 부모의 이혼입니다. 이혼은 배우자 간에도 큰 트라우마를 남기지만, 아이들에게는 더욱 큰 혼란과 상처로 다가옵니다. 이혼 가정에서 지속되는 가정불화는 부모가 아이에게 충분한 관심을 주지 못하게 하고, 방임된 환경을 조성할 가능성이 큽니다. 또한, 부모가 우울증을 앓고 있는 경우에도 애착 외상이 생길 수 있습니다. 양육자가 일관적이지 못한 태도를 보이거나, 아이가 고아원과 같은 시설에서 자라 여러 양육자에 의해 공동으로 양육되는 환경에서는 특정 양육자와 안정된 애착을 형성하기 어렵습니다. 이는 반응성 애착장애의 발병 가능성을 높입니다.

반응성 애착장애를 겪는 아이들은 양육자의 배려와 관심에 대해 무관심하거나, 최소한의 반응만 보이는 경향이 있습니다. 이들은 양육자의 사랑과 관심을 받지 못한 결과로, 기쁨이나 감사의 감정을 제대로 표현하지 못하며, 대인관계에서도 위축된 모습을 보입니다. 이러한 문제는 성인이 되어서도 지속되어 사회생활이나 인간관계에 큰 어려움을 초래할 수 있습니다.

반응성 애착장애는 두 가지 유형

반응성 애착장애는 크게 두 가지 유형으로 나눌 수 있습니다.

첫째는 억제형으로 대인관계를 회피하거나 두려워하며, 정서적으로 위축된 모습을 보입니다. 이들은 관계를 맺는 데 어려움을 느끼며, 자신을 방어적으로 보호하려는 태도를 취합니다.

두 번째는 탈억제형으로 낯선 사람들에게 과도한 친밀감을 표현하며, 경계 없이 접근하는 경향을 보입니다. 이는 주로 독립된 양육자에게 양육받지 못하고 여러 양육자에 의해 자란 환경에서 발생합니다. 이 유형의 아이들은 과잉행동장애(ADHD)와 관련이 있을 가능성도 제기됩니다.

반응성 애착장애의 치료는 심리치료와 애착 관계의 회복에 중점을 둡니다. 약물치료보다는 한 명의 양육자가 지속적으로 아이를 보살피며, 안정된 애착을 형성하도록 돕는 것이 중요합니다. 부모가 없는 경우에는 아이를 진심으로 돌봐줄 양육자를 지정하여 안정된 환경을 제공해야 합니다. 억제형 애착장애는 양육자가 안정된 양육 환경을 제공하면 증상이 호전될 가능성이 높습니다. 그러나 탈억제형은 치료가 어려운 경우가 많으며, 보다 장기적인 심리치료와 정서적 지지가 필요합니다.

반응성 애착장애는 한 사람의 평생에 걸쳐 영향을 미칠 수 있는 장애입니다. 따라서, 부모의 안정된 애착 형성과 책임감 있는 양육이 가장 중요합니다. 부모가 아이에게 지속적인 사랑과 관심을 보여주고, 안정감을 제공한다면 애착 외상과 그로 인한 장애를 예방할 수 있습니다. 이는 아이가 건강한 정서를 바탕으로 성숙한 대인관계와 사회생활을 영위할 수 있는 밑거름이 됩니다.

6-4

자폐스펙트럼 – 눈을 맞추지 못한다면

감각 자극에 과민하거나 둔감하다면

자폐스펙트럼 장애(Autism Spectrum Disorder, ASD)는 사회적 상호작용과 의사소통의 어려움, 그리고 제한적이고 반복적인 행동 패턴을 특징으로 하는 발달 장애입니다. 과거에는 "자폐증"으로 알려져 있었으나, 현대 정신질환 진단 기준인 DSM-5에서는 이를 자폐스펙트럼 장애로 재정의하였습니다. 이는 자폐증의 다양한 형태와 정도를 하나의 스펙트럼으로 설명함으로써, 각기 다른 특성과 필요를 가진 사람들을 포괄적으로 이해하고자 하는 의도를 반영한 것입니다.

DSM-5의 이러한 변화는 자폐증, 아동기 붕괴성 장애, 아스퍼거 증후군과 같은 과거의 개별 진단 범주를 통합하여 하나의 스펙트럼 장애로 분류한 데 기인합니다. 이를 통해 자폐스펙트럼 장애의 증상과 심각도를 명확히 진단하고, 개인 맞춤형 치료와 지원을 제공할 수 있게 되었습니다.

자폐스펙트럼 장애는 다음과 같은 특징들로 정의됩니다

첫 번째로 사회적 상호작용에 어려움을 겪습니다. 자폐스펙트럼 장애를 가진 사람들은 눈맞춤을 회피하거나, 비언어적 의사소통 능력이 부족하며, 사회적 신호를 이해하지 못하는 경우가 많습니다. 예를 들어, 다른 사람의 감정을 인식하고 적절히 반응하는 데 어려움을 겪으며, 이는 대인관계 형성에 큰 영향을 미칩니다.

두 번째로 의사소통의 지연과 독특한 패턴을 보이는 경우가 많습니다. 언어발달이 지연되거나 특정 주제나 표현에 집착하는 경우가 많습니다. 또한 몸짓, 표정, 손짓 등 비언어적 의사소통 능력이 제한적일 수 있습니다.

세 번째로 반복적 행동과 제한된 관심사에 강한 집중을 보입니다. 예를 들어, 손을 흔들거나 특정 물건을 반복적으로 돌리는 등의 행동을 보이며, 일상적인 루틴에 집착하고 변화에 강한 불안감을 느낍니다.

네 번째로 감각 자극에 이상 반응을 보입니다. 특정 소리, 빛, 촉감 등에 과도하게 반응하거나 반대로 거의 반응하지 않는 경우가 있습니다. 이는 일상생활에서 불편함을 초래할 수 있으며, 종종 주변 사람들에게 이상한 행동으로 비칠 수 있습니다.

이러한 증상은 보통 생후 2~3세부터 감지되기 시작하며, 4~5세가 되면 더욱 명확해질 수 있습니다. 부모나 보호자는 아이가 이름을 불러도 반응하지 않거나, 또래와의 놀이에 관심을 보이지 않는 등의 행동을 통해 이상을 느낄 수 있습니다. 진단은 주로 행동 관찰과 부모의 보고를 바탕으로 이루어지며, 전문적인 평가가 확진에 필수적입니다.

원인과 기전

자폐스펙트럼 장애의 원인은 아직 완전히 밝혀지지 않았으나, 유전적 요인이 중요한 역할을 한다는 연구 결과가 있습니다. 형제 중 자폐스펙트럼 장애를 가진 사람이 있는 경우, 다른 형제도 자폐스펙트럼 장애를 가질 확률이 일반 인구보다 50배에서 200배 높습니다. 또한, 특정 유전자 변이, 뇌 구조의 이상, 신경전달물질의 불균형이 원인으로 제시되고 있습니다. 특히, 세로토닌과 같은 신경전달물질의 이상이 증상 발현에 영향을 미친다는 연구가 주목받고 있습니다.

자폐스펙트럼 장애는 완치가 어렵지만, 적절한 치료와 중재를 통해 증상을 개선하고 삶의 질을 향상시킬 수 있습니다. 가장 효과적인 치료 접근법은 통합적 치료입니다. 이는 약물 치료, 행동 치료, 언어 치료, 놀이 치료 등을 결합하여 신경전달물질의 균형을 맞추고, 사회적 및 의사소통 능력을 향상시키는 것을 목표로 합니다.

빠른 치료가 필요

조기 진단과 개입은 특히 중요합니다. 생후 몇 년간의 조기 개입은 아이의 발달에 큰 차이를 만들며, 사회적, 학업적, 행동적 문제를 최소화할 수 있습니다. 이를 통해 자폐스펙트럼 장애를 가진 아동이 성인이 되어 독립적이고 만족스러운 삶을 살 수 있는 기회를 제공합니다. 부모는 간단한 감정 표현과 비언어적 의사소통을 가르치며 언어 치료를 병행할 수 있으며, 이는 학교와 사회 환경에 적응하는 데 큰 도움이 됩니다.

자폐스펙트럼 장애는 개인의 특성과 필요를 이해하고 존중하는 태도를 요구합니다. 이를 위해 부모와 교사, 지역사회는 긴밀히 협력하여 이들이 사회에서 성공적인 삶을 영위할 수 있도록 돕는 역할을 해야 합니다. 깊은 애정과 관심을 바탕으로 한 지원은 자폐스펙트럼 장애를 가진 사람들에게 긍정적인 영향을 미치며, 그들의 잠재력을 최대한 발휘하도록 돕습니다.

자폐스펙트럼 장애는 극복해야 할 도전이지만, 적절한 치료와 지원을 통해 많은 가능성을 열 수 있습니다. 우리는 이러한 도전을 함께 이해하고, 공감하며, 책임감 있게 대처해야 합니다.

6-5

ADHD - 집중이 어렵다면

너무 산만한 아이

주의력결핍 및 과잉행동장애(Attention Deficit Hyperactivity Disorder, 이하 ADHD)는 주로 아동기와 청소년기에 발병하는 정신건강 장애로, 주의력 결핍과 과잉행동, 충동성을 핵심 증상으로 합니다. ADHD는 12세 이전에 나타나며 6개월 이상 지속되는 경우 진단이 가능하며, 적절한 치료 없이 방치되면 성인기까지 영향을 미칠 수 있습니다. 이는 학업 성취도 저하, 사회적 상호작용의 어려움, 심리적 스트레스와 같은 심각한 문제를 초래할 수 있습니다.

ADHD는 주의력 결핍, 과잉 행동, 충동성의 세 가지 주요 증상으로 나눌 수 있습니다. 먼저, 주의력 결핍은 ADHD의 핵심 증상 중 하나로, 아동이 주의 집중을 유지하지 못하고 쉽게 산만해지는 상태를 말합니다. 수업 중이나 가정에서 집중하지 못하고 주변 자극에 쉽게 산만해집니다. 교사나 부모의 지시를 잘 이해하지 못하거나, 말하는 내용을 듣지 못하는 듯한 행동을 보입니다. 또 학습 도구나 물건을 자주 잃어버리고, 과제나 숙제를 잊어버립니다. 또 장시간 지속되는 과제나 활동에 어려움을 느끼고 쉽게 포기합니다. 이로 인해 학업 성취도가 떨어지고, 학습에 대한 흥미를 잃을 수 있습니다.

ADHD 아동은 과잉행동을 통해 주위 사람들에게 큰 혼란을 줄 수 있습니다. 의자에 가만히 앉아 있지 못하고 끊임없이 움직이며 산만하게 행동합니다. 친구들을 불필요하게 건드리거나 교실 안에서 돌아다니며 수업을 방해해서 교사들이 큰 어려움을 겪습니다. 또한, 필요 이상의 행동으로 교사와 부모가 지속적인 주의가 필요합니다. 이러한 행동은 또래 친구들과의 관계에 부정적인 영향을 미쳐 사회적 고립을 초래할 가능성이 있습니다.

충동성은 생각하기 전에 행동하는 특징을 말합니다. 질문이 끝나기 전에 대답하거나, 차례를 기다리지 못하고 새치기를 합니다. 즉각적인 만족을 추구하며 위험한 행동을 무모하게 시도하여 다툼을 일으킵니다. 결과에 대한 고려 없이 행동하여 사회적 갈등을 유발합니다. 충동성은 시간이 지나면서 적대적 반항장애나 반사회적 행동으로 이어질 가능성도 있습니다.

도파민의 불균형, 조기 약물치료 필요

ADHD는 조기 진단과 적절한 치료가 중요한 장애입니다. 현재 ADHD 치료의 핵심은 약물치료와 인지행동치료입니다. ADHD 치료에 가장 널리 사용되는 약물은 중추신경계 자극제입니다. 이들 약물은 도파민과 노르에피네프린의 활동을 조절하여 주의력과 행동 조절을 개선하는 데 도움을 줍니다. 메틸페니데이트, 암페타민 계열이 대표적 약물입니다. 자극제에 반응하지 않거나 부작용이 심한 경우 비자극제 약물로 대체 가능합니다.

인지행동치료는 아동이 자신의 행동을 인식하고 조절하는 방법을 학습하도록 돕는 치료법입니다. 아동이 문제 상황에서 적절히 대처하는 기술을 배우도록 돕습니다. 또한, 자기 통제력과 문제 해결 능력을 기르는 데 중점을 둡니다.

ADHD는 조기에 진단받아 치료를 시작하는 것이 매우 중요합니다. 12세 이전에 6개월 이상 증상이 지속될 경우 약물치료와 인지행동치료를 병행해야 합니다. 조기 치료는 학업적 성취와 사회적 적응력을 높이는 데 크게 도움이 됩니다.

ADHD는 단순한 산만함이 아닌, 적절한 진단과 치료가 필요한 신경발달장애입니다. 조기 진단과 치료를 통해 아동이 건강한 발달을 이룰 수 있도록 돕는 것이 중요합니다. 부모와 교사는 ADHD에 대한 올바른 이해와 협력을 통해 아동의 삶의 질을 높이고, 사회적 성공의 기회를 제공해야 합니다. ADHD는 극복 가능한 도전이며, 이를 위해 우리는 함께 노력해야 합니다.

6-6

적대적 반항 - 중2병이 아닐수도?

반항이 6개월 이상 지속된다면

부모는 사춘기부터 고등학교에 이르는 자녀를 양육하는 과정에서 자녀의 반항적이고 공격적인 태도에 당황할 때가 많습니다. 이러한 행동이 단순한 반항을 넘어 6개월 이상 지속된다면, 이는 적대적 반항장애(Oppositional Defiant Disorder)일 가능성이 있습니다. 적대적 반항장애는 자녀의 일상생활과 사회적 적응에 심각한 영향을 미칠 수 있는 장애로, 조기 발견과 적극적인 치료가 필요합니다.

적대적 반항장애의 특징

적대적 반항장애는 주로 어른들과 사회에 대해 반항적이고 도전적인 태도를 보이는 특징이 있습니다. 일반적인 반항과 달리, 적대적 반항장애는 다음과 같은 증상이 6개월 이상 지속됩니다. 극심한 분노와 짜증을 냅니다. 아이는 부모나 교사 등 권위를 가진 어른 앞에서 사소한 일에도 크게 화를 내며, 이러한 행동이 가정과 학교에서 갈등을 유발합니다. 논쟁적이고 반항적인 태도를 보입니다. 어른들이 차분하게 설득하려 해도 더 강하게 대들며, 갈등을 심화시킵니다. 아이는 "반드시 복수하겠다"거나 "죽어버리겠다"는 등의 앙심을 품은 표현을 자주 사용합니다. 이러한 행동이 단순한 성장 과정의 일부인지, 아니면 심리적 장애인지 판단하기 위해 전문가의 진단이 필요합니다.

적대적 반항장애의 주요 발병 원인

적대적 반항장애는 주로 부모와 자녀 간의 의사소통 문제에서 비롯됩니다. 권위적이고 지배적인 부모와 독립적이고 개성이 강한 자녀가 충돌할 경우, 이러한 상호작용이 적대적 반항장애의 주요 원인으로 작용할 수 있습니다. 또한, 가족 내 정신건강 문제와 같은 유전적 요인이 영향을 미칠 수 있으며, 스트레스가 많은 가정환경이나 일관성 없는 양육 방식과 같은 환경적 요인도 중요한 역할을 합니다. 더불어 또래 관계에서의 부정적인 경험과 같은 사회적 요인 역시 적대적 반항장애의 발병의 원인이 될 수 있습니다.

아이의 밝은 미래를 위해 빠른 치료가 절실

적대적 반항장애를 치료하기 위해서는 약물치료보다 심리치료를 통해 근본적인 문제를 해결하는 것이 중요합니다. 인지행동치료는 아이가 부정적인 사고와 행동 패턴을 인식하고 이를 긍정적으로 변화시키는 데 도움을 줍니다. 예를 들어, 아이가 분노를 유발하는 상황에 대처할 수 있는 구체적인 전략을 배우도록 돕습니다. 또한, 게슈탈트 심리치료는 현재의 감정과 경험을 인식하고 표현하게 함으로써 자신의 행동이 타인에게 미치는 영향을 깨닫고 긍정적인 변화를 이끌어냅니다. NLP심리치료는 언어와 행동의 패턴을 변화시켜 아이가 긍정적인 사고와 행동을 촉진하도록 돕습니다. 이를 통해 부정적인 언어와 사고를 긍정적으로 전환하는 방법을 배울 수 있습니다. 가족치료는 부모와 자녀 간의 의사소통과 관계를 개선하는 데 중점을 두며, 가정 내 갈등을 완화하고 안정적인 환경을 조성하여 자녀의 건강한 성장을 지원합니다.

치료에서 가장 중요한 것은 부모의 적극적인 참여입니다. 한국에서는 심리치료가 아직 일반화되지 않았지만, 부모의 협조 없이는 학교나 상담교사만의 노력으로 문제를 해결하기 어렵습니다. 부모는 자녀와의 갈등 상황에서 권위적이거나 지배적인 태도를 지양하고, 자녀의 감정과 의견을 존중하며 대화를 이어가야 합니다.
학교와 사회 역시 이러한 문제에 관심을 기울이고, 전문 상담 및 심리치료를 지원해야 합니다. 학교에서는 학생 상담 프로그램을 강화하고, 사회는 심리치료에 대한 인식을 높이는 캠페인을 통해 치료의 문턱을 낮출 수 있습니다.

 적대적 반항장애는 청소년기에 사라질 가능성이 있지만, 고등학교 졸업 시점까지 지속된다면 이는 심각한 정신장애로 간주해야 합니다. 적절한 치료 없이 방치할 경우, 성인이 되어서도 사회적 적응에 어려움을 겪을 수 있습니다. 따라서 자녀의 밝은 미래를 위해 조기 발견과 대처가 필수적입니다. 부모와 사회의 적극적인 협력이 자녀를 건강한 성인으로 성장시키는 첫걸음이 될 것입니다.

6-7

의존성 성격장애 –
"너에게 복종할게."

버려짐에 대한 두려움

의존적 성격장애(Dependent Personality Disorder, DPD)는 타인에 대한 과도한 의존성과 독립성의 결핍을 특징으로 하는 성격장애로, 개인의 심리적, 사회적 측면에 심대한 영향을 미칩니다. 이는 환자의 삶의 질을 심각하게 저하시킬 수 있으며, 조기 진단과 치료가 필수적인 장애입니다. 본 글에서는 의존적 성격장애의 주요 특징과 원인, 치료 방법 및 예방책을 심도 있게 살펴보고자 합니다.

의존적 성격장애는 타인에 대한 심리적 의존을 중심으로 한 특징을 보입니다. 이들은 스스로의 독립적인 삶을 영위하는 데 어려움을 겪으며, 중요한 결정을 내릴 때조차 타인의 조언이나 판단에 지나치게 의존합니다. 예를 들어, 직업 선택, 결혼, 재산 관리와 같은 중요한 문제에서 자신의 의견을 제시하기보다 타인의 결정에 따르는 경향이 두드러집니다.

이 장애의 핵심은 버려짐에 대한 극도의 두려움입니다. 의존적 성격장애를 가진 사람들은 자신이 중요한 타인으로부터 무시당하거나 버림받을 가능성에 대해 지속적인 불안을 느낍니다. 이러한 두려움은 타인의 요구나 부당한 대우에도 쉽게 굴복하게 만들며, 스스로의 결단력 부족에 대해 자책하고 좌절감을 느끼는 악순환을 초래합니다.

의존적 성격장애는 다음과 같은 심리적 특성과 행동 양식을 동반합니다. 이들은 스스로의 의견을 주장하지 못하고 타인의 판단에 의존하며, 이러한 행동의 결과로 반복되는 실패와 무력감을 경험합니다. 복종적 태도로 타인의 요구에 굴복하거나, 자신의 욕구를 표출하는 데 어려움을 겪는 경우가 흔합니다. 또한, 중요한 결정을 회피하는 모습도 자주 보이며, 이는 타인의 결정에 지나치게 의존하는 결과를 낳습니다. 반복되는 의존적 행동으로 인해 자존감이 낮아지고 무기력감을 느끼며, 자신을 지키기 위해 눈물을 흘리거나 애원하는 등 비굴하게 보이는 행동을 보이기도 합니다. 이러한 행동은 종종 타인의 비난을 초래하지만, 당사자에게는 생존을 위한 절박한 선택일 수 있습니다.

의존적 성격장애는 다양한 원인에 의해 발생합니다. 심리적 요인으로는 자신감 부족과 자아에 대한 부정적인 신념이 이 장애를 심화시키는 데 영향을 미칩니다. 양육 방식 또한 중요한 요인으로, 과잉보호적인 부모 아래에서 자란 아이들은 독립성을 기르기 어렵고 타인의 도움에 지나치게 의존하는 습관을 형성하게 됩니다. 마지막으로, 사회적·문화적 환경도 의존적 성격장애의 발병에 기여할 수 있습니다. 예컨대, 독립성을 강조하기보다는 문제를 대신 해결해주는 문화가 지배적인 경우, 이러한 성격장애의 발생률이 높아질 수 있습니다.

신속한 치료 필수

의존적 성격장애는 종종 다른 성격장애나 기분장애(우울증이나 조울증)와 함께 나타나기도 합니다. 경계선 성격장애, 회피성 성격장애, 연극성 성격장애와의 동반 사례가 빈번하며, 특히 기분장애(우울증, 조울증)가 동반될 경우 자살 충동과 같은 심각한 위험이 발생할 수 있습니다. 이러한 복합적 증상은 치료를 복잡하게 만들며, 신속한 심리치료와 정신과 치료가 필수적입니다.

의존적 성격장애는 심리치료를 통해 효과적으로 관리할 수 있습니다. 주요 치료 방법으로는 인지행동치료, 대인관계 치료, 그리고 심리 교육이 있습니다. 인지행동치료는 환자의 부정적인 신념을 수정하고 긍정적인 사고를 촉진하는 데 중점을 둡니다. 대인관계

치료는 건강한 인간관계를 형성하고 유지하는 방법을 배우는 과정으로, 환자의 사회적 역량을 향상시킵니다. 심리 교육은 환자와 가족이 장애에 대한 올바른 이해를 갖도록 돕고, 지지적인 환경을 조성하는 데 기여합니다.

치료의 궁극적인 목표는 환자가 독립적으로 생활하며, 타인에 대한 과도한 의존성을 극복하도록 돕는 데 있습니다. 조기 개입과 예방 또한 매우 중요합니다. 부모는 자녀가 스스로 문제를 해결하고 결정을 내릴 수 있는 능력을 키울 수 있도록 격려해야 하며, 자녀의 자존감을 높이는 데 초점을 맞춰야 합니다.

의존적 성격장애는 타인에 대한 과도한 의존으로 인해 독립적인 삶이 어려운 성격장애입니다. 이는 심리적 요인, 양육 방식, 사회적 환경 등 다양한 원인에 의해 발생합니다. 하지만 적절한 심리치료와 예방적 개입을 통해 증상을 완화하고 삶의 질을 향상시킬 수 있습니다. 독립적인 삶을 향한 첫걸음은 자신의 문제를 인식하고, 적절한 도움을 받는 것입니다. 이를 통해 자신감과 자율성을 회복하여 더 나은 미래를 만들어갈 수 있습니다.

6-8

연극성 성격장애 - 무대 뒤로 숨다

과장된 행동 표현

연극성 성격장애(Histrionic Personality Disorder)는 대인관계와 삶의 다양한 영역에서 진정한 자아를 숨기고, 과장된 행동으로 타인의 관심을 끌려는 성격적 특징을 보이는 심리적 장애입니다. 이는 인생을 마치 하나의 연극으로 여기며, 자신의 내면을 감추고 무대 위 배우처럼 행동하는 데에서 그 이름이 유래되었습니다. 연극성 성격장애는 과장된 감정 표현과 대인관계의 불안정성으로 인해 주변 사람들을 당황스럽게 만들며, 환자 자신에게도 심각한 심리적 부담을 초래합니다. 이 글에서는 연극성 성격장애의 주요 특징과 원인, 치료 및 대처 방안에 대해 심층적으로 살펴보고자 합니다.

연극성 성격장애를 가진 사람들은 과도한 감정 표현과 행동으로 타인의 관심을 끌고자 합니다. 이들은 종종 자신의 감정을 과장되게 표현하거나, 화려한 외모와 유혹적인 행동으로 주목받으려는 모습을 보입니다. 이러한 과장된 행동은 진정성을 결여한 것으로 보이며, 종종 주변 사람들에게 혼란과 불편함을 줍니다. 예를 들어, 하루에도 여러 번 극적으로 변하는 감정은 타인이 그들의 진심을 파악하기 어렵게 만듭니다. 이러한 특성은 특히 중요한 대인관계에서 큰 어려움을 초래합니다.

이들의 내면에는 "나는 혼자서는 살 수 없다."라는 고정된 신념이 자리 잡고 있으며, 이는 끊임없이 타인의 관심과 애정을 갈구하게 만듭니다. 특히 여성의 경우, 화려한 의상과 화장을 통해 외모를 부각하거나 유혹적인 언행을 통해 타인의 관심을 끌려는 행동이 두드러집니다. 이러한 행동은 사랑받고자 하는 강한 욕구의 표현으로, 욕구가 충족되지 않을 경우, 자살 위협과 같은 극단적인 방식으로 타인을 조정하려는 행동으로 이어질 수 있습니다.

모두 나를 사랑할 필요는 없다

연극성 성격장애의 발병 원인으로는 어린 시절 부모와의 관계에서 형성된 심리적 요인이 중요하게 작용합니다. 예를 들어, 여성의 경우 어머니와의 애착 관계가 원활하지 못했을 때 아버지에게 과도하게 의존하거나, 남성의 경우 어머니의 여성성을 과도하게 모방하다가 남성성을 과장되게 드러내는 행동을 보일 수 있습니다.

이와 같은 가족 내의 상호작용은 자아 형성에 부정적인 영향을 미쳐, 연극성 성격장애의 토대가 될 수 있습니다.

또한, 연극성 성격장애는 성인 초기에 그 증상이 두드러지며, 특히 사회에 진출하거나 중요한 전환점을 맞이할 때 잠복해 있던 성격적 특징이 표면화됩니다. 이러한 심리적 기반은 치료와 대처를 더욱 어렵게 만드는 요인이 될 수 있습니다.

연극성 성격장애는 환자 자신과 주변 사람들에게 심각한 영향을 미칩니다. 이들은 끊임없이 자신의 요구를 관철하려 하며, 때로는 극단적인 방법을 사용하여 타인을 조정하려 합니다. 예를 들어, 사치품을 요구하거나 금전적 지원을 지속적으로 요구하는 행동이 반복되며, 이러한 요구가 받아들여지지 않을 경우 자살 위협이나 극단적인 행동을 통해 상대방을 압박하기도 합니다. 이는 대인관계의 불안정성을 초래하고, 궁극적으로 관계를 파괴하는 결과를 낳습니다.

환자 자신도 이러한 행동의 문제를 자각하지 못하는 경우가 많으며, 주변 사람들도 이를 단순한 성격적 특성으로 여겨 치료 시기를 놓치는 경우가 흔합니다. 그러나 의존적인 욕구, 과도한 감정 표현, 외형에 치중한 행동 등의 특징을 통해 연극성 성격장애를 진단할 수 있습니다.

연극성 성격장애는 치료가 어려운 성격장애로 알려져 있지만, 인지치료와 통합적인 심리치료 방법이 효과를 보이고 있습니다. 특히, NLP 심리치료의 '신념 바꾸기(Change Belief)' 기법은 환자의 잘못된 신념 체계를 재구성하는 데 유용합니다.

연극성 성격장애를 가진 사람들은 종종 "나는 모든 사람으로부터 사랑받아야 한다"는 비현실적인 신념을 가지고 있습니다. 이 신념을 "모든 사람이 나를 사랑할 필요는 없다"는 보다 현실적인 사고로 전환시키는 것이 치료의 핵심입니다. 이를 통해 환자가 과도한 감정 표현이나 유혹적인 행동의 비효율성을 깨닫고, 대인관계에서 보다 건강한 태도를 취할 수 있도록 돕습니다.

인지치료는 환자가 자신의 행동과 그 결과를 명확히 인식하게 하여 현실적인 신념 체계를 구축하도록 유도합니다. 동시에, 가족과 친구들의 지원은 치료 과정에서 중요한 역할을 합니다. 환자가 자신의 문제를 인식하고 치료에 적극적으로 참여하도록 격려하며, 지지적인 환경을 제공하는 것이 필수적입니다.

연극성 성격장애는 단순한 성격적 특징이 아닌, 심리적 지원과 치료가 필요한 심각한 문제입니다. 과도한 감정 표현과 외형 강조, 타인의 관심에 대한 집착은 대인관계와 삶의 질을 심각하게 저해합니다. 그러나 올바른 치료와 지원을 통해 환자가 보다 건강한 삶을 영위할 수 있습니다.

치료 과정은 쉽지 않지만, 환자가 자신의 문제를 인식하고 치료에 적극적으로 참여한다면 증상의 완화와 삶의 질 향상이 가능합니다. 가족과 친구들의 지지와 이해는 치료 과정에서 중요한 역할을 하며, 전문적인 심리치료와 인지치료를 통해 환자가 공허한 자아를 벗어나 진정한 자신으로 살아갈 수 있도록 돕는 것이 필요합니다.

6-9

경계선 성격장애 – 폭풍 속을 항해하는 배

상상과 현실과의 경계가 모호

경계선 성격장애(Borderline Personality Disorder)는 정서적 불안정성과 충동성을 특징으로 하는 정신장애입니다. 이 장애는 개인의 삶 전반에 걸쳐 심각한 영향을 미치며, 대인관계, 자기 이미지, 감정 조절 및 행동에 문제를 일으킵니다. 경계선 성격장애는 신경증과 정신증의 경계에 있는 정신질환으로, 두 가지 상태의 특성을 모두 지닙니다. 과거에는 이러한 특징을 히스테리로 통칭하였으나, 현대 정신의학에서는 더 구체적으로 구분합니다.

신경증(Neurosis)은 주로 내적인 정서 불안정으로 인해 발생하는 정신적 문제를 의미합니다. 이는 외부 환경의 변화와 무관하게 개인 내부의 갈등과 불안에서 기인합니다다. 반면, 정신증 (Psychosis)은 외부의 충격적 사건이나 급격한 환경 변화로 인해 발생하며, 현실과의 경계가 모호해지는 특징을 지닙니다. 정신증 환자는 환각이나 망상과 같은 증상을 경험할 수 있습니다. 경계선 성격장애는 이 두 상태의 교차점에 위치합니다. 이러한 환자는 내부와 외부 자극에 모두 민감하게 반응하며, 현실과 상상의 경계가 흐려지는 특성을 보입니다. 이는 그들의 일상과 대인관계에 심각한 영향을 미칩니다.

경계선 성격장애를 가진 사람들의 삶은 마치 폭풍 속을 항해하는 배와 같습니다. 가장 큰 어려움 중 하나는 정서적 불안정성입니다. 이들은 매우 짧은 시간 내에 기쁨에서 절망, 사랑에서 분노로 급격히 감정이 변동할 수 있습니다. 이러한 감정의 롤러코스터는 특히 대인관계에서 두드러집니다. 새로운 사람을 만났을 때 처음에는 상대를 이상화하고 강한 애정을 표현하지만, 사소한 실망이나 좌절이 생기면 적대감으로 돌변하기도 합니다. 이러한 극단적 감정 변화는 관계의 지속성을 위협하며, 결과적으로 반복적인 관계의 붕괴로 이어질 수 있다.

욕구를 참을 수 없다

충동성 또한 경계선 성격장애의 주요 특징입니다. 환자는 순간적인 욕구 충족을 위해 물질 남용, 무분별한 소비, 무모한 운전, 섭식

장애와 같은 위험한 행동을 서슴지 않습니다. 이러한 충동적 행동은 일시적으로 공허감을 해소할 수 있지만, 장기적으로는 더 큰 문제를 초래하며 자신과 주변 사람들에게 피해를 줍니다.

특히, 자살 생각과 자해 행동은 경계선 성격장애 환자들에게 매우 흔하게 나타나는 위험한 증상입니다. 자살 시도는 극단적인 정서적 고통에서 벗어나기 위한 수단으로, 자해는 강렬한 감정이나 공허감을 일시적으로 해소하기 위한 방식으로 사용되곤 합니다. 이는 환자의 생명과 안전에 심각한 위협을 가하며, 주변 사람들에게도 심리적 부담을 안깁니다.

경계선 성격장애의 원인은 매우 복합적입니다. 유전적 소인, 뇌 구조의 이상, 어린 시절의 애착 경험, 그리고 트라우마가 이 장애의 발병에 기여할 수 있습니다. 특히, 어린 시절에 안정적인 애착을 형성하지 못한 경우, 발병할 가능성이 높습니다. 어머니와의 관계가 불안정하거나, 양육 과정에서 무시당하거나 학대받은 경험이 주요 원인으로 작용할 수 있습니다. 또한, 부모의 이혼, 사별과 같은 상실 경험도 중요한 발병 요인 중 하나로 꼽힙니다. 이러한 경험은 자아 형성과 정서적 안정에 부정적인 영향을 미치며, 만성적인 공허감과 정서적 불안정을 초래합니다.

경계선 성격장애의 치료는 단순하지 않습니다. 심리치료와 약물치료를 병행하는 것이 가장 효과적입니다. 특히, 변증법적 행동치료(DBT)는 경계선 성격장애 환자들을 위해 고안된 치료법으로, 정서 조절, 대인관계 기술, 고통 감내 능력을 향상시키는 데 중점을 둡니다. 정신역동치료는 환자의 무의식적 갈등을 탐색하고 어린 시절 경험이 현재 행동에 미치는 영향을 이해하는 데 초점을 맞춥니다. 인지행동치료는 왜곡된 인지 패턴을 수정하고 이를 통해 정서와 행동을 변화시키는 데 도움을 줍니다.

약물과 입원 치료

약물치료는 심리치료를 보완하는 역할을 한다. 항우울제, 항불안제, 항정신병 약물 등이 사용될 수 있습니다. 이 약물들은 주로 정서적 불안정성, 충동성, 우울증 등의 증상을 완화하는 데 도움을 줍니다. 심각한 경우, 특히 자살 위험이 높은 경우에는 입원치료가 필요할 수 있습니다. 입원치료는 환자가 안전한 환경에서 집중적인 치료를 받을 수 있도록 하며, 자해나 자살 시도를 예방하는 데 중요한 역할을 합니다.

경계선 성격장애는 개인의 삶에 심각한 영향을 미치는 질환입니다. 환자는 지속적인 정서적 불안정성과 충동성으로 인해 삶의 모든 영역에서 어려움을 겪습니다. 이들은 끊임없는 공허감과 목적의 결여를 느끼며, 이를 채우기 위해 외부 자극이나 관계에 과도하게 의존합니다. 그러나 이러한 시도는 일시적일 뿐이며, 지속적인 정서적 안정을 찾기란 쉽지 않습니다.

조기 진단과 적절한 치료를 통해 환자들이 정서적 안정과 대인관계의 건강성을 회복할 수 있습니다. 치료의 핵심은 정서적 불안정성을 관리하고, 환자 스스로가 자신의 문제를 이해하고 해결할 수 있는 능력을 기르는 데 있습니다. 가족과 친구, 치료사가 함께 협력하여 환자에게 지속적인 지원과 관심을 제공하는 것은 회복의 중요한 요소입니다.

결국, 이러한 노력은 경계선 성격장애 환자들이 폭풍 속의 항해를 마치고, 안정된 삶의 항구에 도달할 수 있도록 돕습니다. 이러한 과정은 환자의 삶뿐만 아니라, 그들을 둘러싼 모든 사람들의 삶을 더 긍정적이고 풍요롭게 만들 것입니다.

6-10

중독장애 -
"담배를 끊을 때가 됐는데."

무의식에서 원하고 있습니다

중독은 현대 사회에서 개인과 가족, 나아가 전체 사회에 중대한 영향을 미치는 문제로 자리 잡고 있습니다. 이러한 중독은 단순한 개인의 문제를 넘어 가족과 사회 전체에 큰 영향을 미칠 수 있습니다. 이를 극복하기 위해서는 원인과 영향을 깊이 이해하고 적절한 치료 전략을 수립해야 합니다.

물질 관련 중독은 니코틴, 담배, 술, 마약 등 특정 물질의 반복 사용으로 발생합니다. 이는 의식적으로는 해당 물질 사용을 자제하고자 하는 의지가 있음에도 불구하고, 무의식적인 욕구에 의해 지속적으로 그 물질에 의존하게 되는 상태를 말합니다. 이로 인해 개인은 내적 갈등과 행동의 불일치로 큰 혼란과 고통을 겪게 됩니다.

물질중독의 주요 원인 중 하나는 사회적, 경제적 환경에서 비롯되는 스트레스입니다. 스트레스 해소를 위해 물질을 사용하는 것은 일시적으로 편안함을 제공할 수 있지만, 이는 반복 사용으로 이어지며 결국 중독으로 귀결됩니다. 생리학적으로는 도파민이라는 신경전달물질이 중독의 중심에 있습니다. 도파민은 보상과 쾌감을 느끼게 하는 역할을 하며, 물질 사용 시 도파민의 과도한 분비가 이를 강화합니다. 반복된 물질 사용은 내성을 유발하며, 점점 더 많은 양의 물질을 필요로 하게 만듭니다.

물질중독은 크게 세 가지 유형으로 구분됩니다. 첫째, 흥분제는 정신을 각성시키고 에너지를 증진시키는 물질로, 대표적인 예는 코카인, 필로폰, 담배, 카페인입니다. 둘째, 진정제는 신경계를 진정시키고 이완을 유도하며, 알코올, 아편, 모르핀, 헤로인이 대표적입니다. 셋째, 환각제는 인식과 감각을 왜곡시키는 물질로, 대마초, LSD, 엑스터시 등이 있습니다.

물질중독은 개인의 직업이나 학업 생활에 심각한 장애를 초래하며, 부적응 및 금단증상으로 인해 중독이 지속되는 악순환에 빠지기 쉽습니다. 금단증상은 물질 사용을 중단했을 때 나타나는 심리적, 육체적 고통으로, 중독 극복의 주요 장애물입니다. 특히, 한국에서는 대마초와 LSD 같은 환각제 사용이 법적으로 금지되어 있어 중독은 종종 법적 문제로까지 이어집니다.

물질중독 극복을 위해 심리치료는 필수적입니다. 인지행동치료와 명상은 개인이 자신의 내면을 들여다보고 상처받은 자아를 치유하도록 돕습니다. 알코올 중독의 경우에는 금단증상을 관리하기 위해 입원치료가 요구되기도 합니다. 자조 모임이나 집단 상담은 중독 극복에 있어 큰 도움을 줄 수 있는 효과적인 방법입니다. 정부 기관이나 임상 전문가의 지원을 통해 체계적인 도움을 받는 것이 중요합니다.

잊지 못하는 쾌감

비물질 관련 중독의 대표적인 예로 도박 중독을 들 수 있습니다. 도박 중독은 특정 물질의 사용이 아닌, 행위 자체에 대한 중독을 의미합니다. 도박 중독자들은 도박을 통해 일시적인 쾌감을 느끼지만, 결과적으로 심리적, 경제적으로 심각한 피해를 입습니다. 이는 물질중독과 유사하게 도파민 분비와 관련이 있으며, 쾌락을 추구하는 행동이 지속적으로 강화되는 특징이 있습니다.

도박 중독의 치료에는 심리치료가 필수적입니다. 인지행동치료는 도박에 대한 왜곡된 인식을 바로잡고, 건강한 스트레스 해소 방법을 찾도록 돕습니다. 가족치료와 부부치료는 도박 중독이 가족에 미치는 영향을 줄이며, 가족 구성원 간의 지지와 이해를 강화합니다. 또한, 도박 중독자들 간의 경험 공유와 지지를 제공하는 자조 모임 역시 치료에 유용합니다.

　중독은 개인의 신체적, 정신적, 사회적 삶에 심대한 영향을 미칩니다. 물질중독과 비물질중독 모두에서 체계적이고 포괄적인 접근이 필요합니다. 심리치료, 약물치료, 자조 모임, 가족 및 사회적 지원은 중독 극복 과정에서 핵심적인 역할을 합니다. 특히 초기 단계에서 적절한 도움을 받는 것이 중독을 극복하는 데 필수적입니다.
　중독을 극복하는 과정은 결코 쉽지 않지만, 적절한 지원과 치료를 통해 충분히 극복할 수 있습니다. 중독으로 인한 부정적인 영향을 줄이고, 건강하고 행복한 삶을 영위할 수 있도록 지속적인 노력이 필요합니다. 개인과 가족, 나아가 사회 전체가 중독 극복을 위해 협력하며, 모두가 건강한 삶을 누릴 수 있는 환경을 조성하는 것이 우리의 목표가 되어야 할 것입니다.

참고문헌

강웅구(2021),〈정신병리학〉,서울대학교 출판문화원.

권석만(2007),〈현대이상심리학〉,학지사.

권석만(2008),〈긍정심리학〉,학지사.

권준수외 공역(2018),〈정신질환의 진단 및 통계편람〉,학지사.

고병인(2003),〈중독자 가정의 가족치료〉,학지사.

구영옥역(2024),〈마음의 기술〉,상상스퀘어.

김영애역(2006),〈부부 가족치료기법〉,김영애 가족치료연구소.

김종우(2006),〈한의학 정신요법〉,학지사.

김주환(2023),〈내면소통〉,인플루엔셜.

김홍찬(2012),〈내면의 아이치유 코칭〉,한국상담심리연구원.

김현재(2004),〈NLP 교육연구〉

박경애(1997),〈인지 정서 행동치료〉,학지사.

롭 보디스(2019),민지현 옮김〈감정의 역사〉,진성북스.

리처드 밴들러,존 그린더 박의순외 역(2013),〈NLP 그 마법의 구조1〉,시그마프레스.

박문호(2017),〈뇌과학 공부〉,김영사.

박상미(2023),〈우울한 마음도 습관입니다〉,저녁달.

박용천.오대영 공역(2017),〈정신장애 쉽게 이해하기〉,학지사.

송성자외 2인 공역(2014),〈통합적 해결중심치료〉,학지사.

신경희(2021),〈통합스트레스 의학〉,학지사.

오제은 역(2009),〈상처받은 내면아이 치유〉,학지사.

유성경외 공역(2008),〈감정.공포치료〉,학지사.

윤대현(2024),〈무기력 디톡스〉,웅진 지식하우스.

이성엽(2021),〈변화와 성장을 위한 NLP의 원리〉,박영스토리.

이시형(2010),〈세로토닌하라!〉,중앙Books.

이후경(2014),〈변화의 신〉,좋은땅.

이후경(2022),〈한국인의 정신건강〉,학지사.

임지연역(2020),〈감정의 발견〉,북라이프.

앤서니 라빈스,이우성 역(2002),〈네 안에 잠든 거인을 깨워라〉,씨앗을 뿌리는 사람.

심수명(2008),〈인격치료〉,학지사.

전경숙 (1996),〈새 심리치료 개론〉,하나의학사.

전경숙 (1995),〈마음의 세계〉,중앙적성출판사.

전경숙 (1998),〈NLP 심리치료〉,학지사.

전경숙 (2003),〈정신, 신체 치유심리〉,민지사.

전경숙,조석제 외8인 옮김(2019),〈NLP 넥스트 제너레이션〉,학지사

전홍진 (2020),〈매우 예민한 사람들을 위한 책〉,글항아리.

정명숙외 2인공역(2016),〈아동청소년 이상심리학〉,시그마프레스.

조석제 (2023),〈다치지 않고 행복할 권리〉,가림출판사.

조석제,김광열 옮김(2018),〈선생님을 위한 NLP〉,시그마프레스.

최명기(2012),〈트라우마 테라피〉,좋은책 만들기.

최설민(2024),〈양수인간〉,북모먼트.

최희철외 2인 공역(2021),〈우울 다스리기〉,학지사.

황순택외2인 공역(2019),〈임상심리학의 이해〉,학지사.

Robert Dilts(1976),〈Root of Neuro Linguistic Programming〉.

Robert Dilts(2023),〈Generative Coaching〉.

Robert Dilts(2023),〈The Power of Mindset Change〉.